Strafrecht

Die 10 wichtigsten
Musterklausuren

für's Examen

Hemmer/Wüst

Hemmer/Wüst Verlagsgesellschaft

Hemmer/Wüst, Strafrecht/Die 10 wichtigsten Musterklausuren für's Examen

ISBN 978-3-86193-894-1

7. Auflage 2020

gedruckt auf chlorfrei gebleichtem Papier
von Schleunungdruck GmbH, Marktheidenfeld

Vorwort

DIE MUSTERKLAUSUREN FÜR DAS EXAMEN

Strafrecht

Examensfälle haben eine eigene Struktur. Der Ersteller konstruiert Sachverhalt und Lösung nach bestimmten Regeln, die es zu erfassen gilt. Die Klausur beinhaltet objektive und subjektive Merkmale: Objektiv muss die Klausur wegen der Notendifferenzierung anspruchsvoll, aber lösbar sein, eine Vielzahl von Problemen beinhalten und bei der Lösung ein einheitliches Ganzes ergeben. Subjektives Merkmal ist, wie der Ersteller die objektiven Merkmale gewichtet. Hier zeigt sich sein Ideengebäude. Dieses zu erkennen ist die wesentliche Aufgabe bei der Klausurbewältigung. Deshalb fragen wir mit der **HEMMER-METHODE**, was will der Verfasser der Klausur, was sind die Hauptprobleme, welcher rote Faden wurde der Falllösung zugrunde gelegt.

Stellen Sie sich den Ersteller der Klausur als imaginären Gegner vor. Nur wer die in der Klausur angelegten Ideen und Stolpersteine erfasst, schreibt die gute Klausur. Dafür ist es notwendig, unter professioneller Anleitung typische Examensfallkonstellationen trainiert zu haben. Es gilt: „Wer den Hafen nicht kennt, für den ist kein Wind günstig“ (Seneca). Man muss oft zunächst einmal erkennen, dass überhaupt ein Problem vorliegt (sog. Problembewusstsein). Anders als im wirklichen Leben gilt in der Klausur: „Probleme schaffen, nicht wegschaffen“.

HEMMER-METHODE heißt möglichst präzise Beschreibung, wie man bei einer Examensklausur vorgeht. Im Vordergrund steht anwendungsspezifisches Lernen, die Vermittlung der Kompetenz im Erkennen von Problemen. Neben Faktenwissen werden die Denkmuster, die typischen Examensklausuren zugrunde liegen, aufgezeigt. Genaue Analysen, Expertenkniffe und das Vermeiden von faustdicken Fehlern nutzen später im Examen. Die Gebrauchsanweisung mit der **HEMMER-METHODE** erstreckt sich auch auf die äußere Aufbereitung, den Aufbau, die Obersatzbildung, Sprache, Form, Sachverhaltseinbeziehung und auf die immer wiederkehrenden Argumentationsmuster.

Im Examen erwartet Sie kein einfacher Standard,- Grund- oder Normalfall, sondern der in verschiedenen Kontexten sich abspielende große Fall. Stellen Sie sich rechtzeitig auf die Anforderungen des Examens ein, so vermeiden Sie die sonst zwangsläufig aufkommende Angst und Panik. Wir vermeiden abträgliche Übervereinfachungen. Nur wer Examensfälle trainiert, kann im Examen bestehen.

Der Bewährungsgrad unserer Theorie ist ihr Erfolg in der Praxis. Seit über 40 Jahren bilden wir erfolgreich Juristen aus, viele davon sind in maßgeblichen Positionen bei der Justiz, im Notariat, in Anwaltskanzleien und in der Wirtschaft.

Lassen Sie sich von uns motivieren. Sehen Sie unseren Erfolg als Anreiz für Ihre eigene Vorbereitung. Lernen Sie mit der **HEMMER-METHODE** examenstypisch, anspruchsvoll und umfassend. Wir würden uns freuen, wenn Sie von dieser Fallsammlung profitieren.

Karl-Edmund Hemmer & Achim Wüst

Inhaltsverzeichnis:

Die Zahlen beziehen sich auf die Seiten des Skripts.

Fall 1:

Sachverhalt:

Artur erkennt auf dem Heimweg um 23 Uhr, dass Cäsar seinen Wagen nicht abgeschlossen und mit steckendem Zündschlüssel hat stehen lassen. Er nutzt die Gelegenheit, auch einmal mit einer Nobelkarosse fahren zu können, und unternimmt eine längere Spritztour. Anschließend stellt er den PKW, wie von vornherein geplant, um 3 Uhr morgens wieder vor dem Haus des Cäsar ab.

Da Artur aber beobachtet worden ist, kommt es zu einem Ermittlungsverfahren. Zur Vermeidung einer Verurteilung bittet Artur seinen Freund Detlef, ihm „ein Alibi zu besorgen“. Detlef willigt ein. Artur erscheint auch auf der Geschäftsstelle des Gerichts und bittet um Aufnahme einer Erklärung: Detlef solle als Tatzeuge zum Verhandlungstermin geladen werden, da er bezeugen könne, mit ihm bis 0.30 Uhr im Kino gewesen zu sein. Detlef wird geladen und macht in der Verhandlung auch die von Artur gewünschten Ausführungen, obwohl er sich noch genau an die wirklichen Begebenheiten erinnern kann. Der Richter zweifelt an den Aussagen des Detlef und ordnet, als dieser weiterhin hartnäckig bei seiner Aussage bleibt, eine 10-minütige Verhandlungspause an. Er kündigt an, Detlef anschließend vereidigen zu wollen. Artur und Detlef, die zuvor beide nicht mit einer Vereidigung gerechnet hatten, stehen in dieser Pause zusammen auf dem Flur, sprechen jedoch nicht miteinander. Anschließend beeidet Detlef seine Aussage, die im Gerichtsprotokoll in wesentlichen Zügen aufgenommen wurde.

Außerdem bittet Artur den mit ihm befreundeten Taxifahrer Theo, dem Gericht eidesstattlich zu versichern, dass er ihn um 0.45 Uhr nach Hause gefahren habe. Daher schickt Theo wider besseren Wissens folgendes Schreiben an das Gericht:

„Hiermit versichere ich an Eides Statt, dass ich Artur um 0.45 Uhr nach Hause gefahren habe.“

Auch seine Frau Frieda bezieht Artur in seine „Verteidigung“ mit ein. Da Frieda leicht vergesslich ist, bittet er sie, vor Gericht auszusagen, dass er in der fraglichen Nacht um 1.00 Uhr nach Hause gekommen sei. Dabei geht er davon aus, dass Frieda sich nicht mehr an seine genaue Rückkehr erinnern könne. Diese kann sich jedoch sehr wohl noch genau an die Vorkommnisse erinnern. Dennoch macht sie in der Hauptverhandlung die gewünschten Aussagen und beeidet diese anschließend. Aufgrund der Entlastungszeugen wird Artur schließlich auch freigesprochen.

Bearbeitervermerk:

Prüfen Sie die Strafbarkeit von Artur, Detlef, Theo und Frieda.

Lösung

1. Tatkomplex: Die Spritztour mit dem PKW

hemmer-Methode: Gerade in umfangreicheren Klausuren, wie sie in der Fortgeschrittenen-Übung und im Examen gestellt werden, ist es im Sinne der Übersichtlichkeit meistens erforderlich, mehrere Tatkomplexe zu bilden. Hier ist schon die „Spritztour" ein eigener Abschnitt. Als weitere eigene Abschnitte könnte man auch die verschiedenen Falschaussagen ansehen; indes ist dies nicht erforderlich, da diese bereits durch die verschiedenen handelnden Personen getrennt sind.

Strafbarkeit des A

I. Diebstahl des PKW, § 242 I StGB

1. A hat den PKW des C, eine fremde bewegliche Sache, weggenommen, indem er den noch bestehenden, wenn auch gelockerten Gewahrsam des C gebrochen und neuen Gewahrsam begründet hat.

hemmer-Methode: Unproblematisches kurz abhandeln! Die fremde bewegliche Sache muss zwar erwähnt, aber nicht näher erläutert werden. Dagegen könnte man zur Problematik des gelockerten Gewahrsams noch einen Satz mehr schreiben. Vorliegend wurde hierauf verzichtet, weil der Diebstahl im Ergebnis ohnehin zu verneinen ist und die „Spritztour" außerdem nur als „Aufhänger" für die Aussagedelikte dient.

2. A handelte mit entsprechendem *Tatbestandsvorsatz.*

Fraglich ist jedoch die *Zueignungsabsicht*, da es am Vorsatz bezüglich der dauernden Enteignung des Eigentümers insoweit fehlt, als A von Anfang an mit Rückführungswillen handelte.

Selbst wenn man mit der Rechtsprechung und weiten Teilen der Literatur als Objekt der Zueignung auch den in der Sache verkörperten Wert ansieht (die h.M. folgt der sog. Vereinigungstheorie, die Substanz- und Sachwerttheorie kombiniert), kommt man zu keinem anderen Ergebnis. Da C die Sache alsbald nach der Verwendung wieder zurückgegeben hat, liegt kein ins Gewicht fallender Wertverlust vor, so dass die Zueignungsabsicht zu verneinen ist.

3. A hat keinen Diebstahl begangen.

II. Unbefugter Gebrauch eines Fahrzeugs, § 248b I StGB

1. A hat den PKW des C gegen dessen Willen in Gebrauch genommen, indem er die Spritztour unternahm. Damit hat er den objektiven Tatbestand verwirklicht.

2. A handelte vorsätzlich.

3. Rechtfertigungs- und Schuldausschließungsgründe sind nicht ersichtlich.

4. A hat sich aufgrund seines Verhaltens nach § 248b StGB strafbar gemacht.

III. Diebstahl des Benzins, § 242 I StGB

Dadurch, dass A durch die Ingebrauchnahme des Pkws gleichzeitig das im Tank befindliche Benzin weggenommen und durch den teilweisen Verbrauch sich zugeeignet hat, hat er den Tatbestand des § 242 I StGB verwirklicht.

Da dieser Benzindiebstahl aber die regelmäßige Begleittat einer unbefugten Ingebrauchnahme des Kraftfahrzeugs ist, wird er durch § 248b StGB verdrängt (Fall der Konsumtion). Daran ändert auch die Subsidiaritätsregel des § 248b I StGB nichts, da ansonsten die durch diese Vorschrift zum Ausdruck kommende Privilegierung des Gebrauchs eines Kraftfahrzeugs ohne Zueignungsabsicht unterlaufen würde.

hemmer-Methode: Würde tatsächlich der Diebstahl am Benzin im Ergebnis bejaht und § 248b StGB verdrängt, hätte der Gesetzgeber sich das Tatobjekt „Kraftfahrzeug" bei der Aufzählung in § 248b I StGB sparen können. Beachten Sie in diesem Kontext, dass auch der unbefugte Gebrauch eines Fahrrads unter Strafe steht.

2. Tatkomplex: Die Falschaussagen

A. Strafbarkeit des D

I. Meineid, § 154 I StGB

1. D könnte sich durch die von ihm getätigte Aussage vor Gericht nach § 154 StGB strafbar gemacht haben. Er hat vor Gericht einen Eid geleistet. Dieser war falsch, denn er bezog sich auf eine objektiv wahrheitswidrige Aussage. Mit der h.M.[1] ist dieser objektiven Theorie zu folgen. Würde man mit der subjektiven Theorie maßgeblich auf das Vorstellungsbild des Täters über den Wahrheitsgehalt seiner Aussage abstellen, würden objektive und subjektive Aspekte zu sehr vermischt. Außerdem ging der Gesetzgeber bei § 161 I StGB eindeutig von einem objektiven Verständnis aus, da sonst kein „fahrlässiger Falscheid" möglich wäre.

2. D müsste bezüglich der Wahrheitswidrigkeit seiner Aussage zumindest bedingten Vorsatz gehabt haben. Diese Voraussetzung ist gegeben, so dass D vorsätzlich handelte.

3. D handelte auch rechtswidrig und schuldhaft.

4. Es könnte gegebenenfalls ein Fall von § 154 II StGB vorliegen.

Dies ließe sich unter Umständen annehmen, wenn ein Fall eines Vereidigungsverbotes gemäß § 60 Nr. 2 StPO vorgelegen hätte.[2]

hemmer-Methode: Grds. müssen Sie zur Strafzumessung bis zum Ersten Staatsexamen keine Stellung nehmen. Etwas anderes gilt aber für die Strafzumessungsregeln, die sich aus dem StGB selbst ergeben, also die Anordnungen eines besonders bzw. minder schweren Falls (z.B. §§ 154 II; 243 StGB) oder Strafmilderungen nach § 49 StGB, sofern einzelne Vorschriften (z.B. §§ 17 S. 2; 23 II StGB) hierauf verweisen.

a) Ob hier ein Fall des § 60 Nr. 2 StPO vorliegt, muss anhand seines Gesetzeszwecks ermittelt werden. Dieser besteht darin, dass ein Teilnahmeverdächtiger nicht vereidigt werden soll, weil er sich in einem Gewissenskonflikt befindet und ihm die nötige Unbefangenheit fehlt, so dass deswegen der Eid seiner *Funktion* nicht genügen kann, den Beweiswert einer Aussage zu erhöhen.[3]

Um § 60 Nr. 2 StPO anwenden zu können, muss der Zeuge sich daher vor der Hauptverhandlung strafbar gemacht haben.

---

1 Vgl. etwa FISCHER, v. § 153 Rn. 4.

2 Vgl. FISCHER, § 154 Rn. 19 m.w.N.

3 MEYER-GOßNER/SCHMITT, § 60 Rn. 8 m.w.N.

Die mögliche Strafbarkeit *durch* die Aussage genügt für § 60 Nr. 2 StPO gerade nicht.[4]

Denn dann besteht noch keine Zwangslage, da der Zeuge seine Aussage jederzeit berichtigen kann.

hemmer-Methode: Machen Sie sich unbedingt klar, dass § 153 StGB erst vollendet ist, sobald die Vernehmung abgeschlossen ist. Dies ist der Fall, wenn der Richter zu erkennen gibt, dass er von dem Zeugen keine weitere Auskunft über den Vernehmungsgegenstand erwartet.[5] Der Versuch des Meineids schließt sich an die Vollendung der Falschaussage an und beginnt mit dem Beginn des Sprechens der Eidesformel. Während der Vernehmung macht sich der Zeuge also nicht gemäß den §§ 153 ff. StGB strafbar.

Zu prüfen ist hier also, ob vorher schon eine Straftat vorlag. Da für eine Beteiligung an der angeklagten Tat selbst nichts vorgebracht und ersichtlich ist, ist alleine auf das *Versprechen der Falschaussage* abzustellen.

b) Eine Falschaussage kann grds. problemlos als Strafvereitelungshandlung qualifiziert werden. Dabei steht der Versuch auch der tatsächlichen Beteiligung i.S.v. § 60 Nr. 2 StPO gleich.[6] Voraussetzung ist aber, dass mindestens das *Versuchsstadium* erreicht wurde. Ungenügend ist nach h.M. dagegen die dem Angeklagten gemachte *bloße Zusage* einer künftigen Falschaussage in der Hauptverhandlung.[7] Da dies nur eine straflose Vorbereitungshandlung darstellt, besteht der genannte Konflikt (vgl. Gesetzeszweck oben) gar nicht, also auch kein Bedürfnis für die Anwendung von § 60 Nr. 2 StPO.

Die bloße Zusage einer Falschaussage steht einer Vereidigung nicht entgegen.

Da hier weder A noch D mit einer Vereidigung rechneten, eine Zusage eines *Meineids* also keinesfalls vorliegt (vgl. *§§ 30 II, 154 I StGB*; beim Meineid handelt es sich um ein Verbrechen i.S.d. § 12 I StGB), kann sich auch aus diesem Aspekt nichts anderes ergeben.

hemmer-Methode: Letztlich würde sich aber auch die Zusage eines Meineides trotz der grundsätzlichen Strafbarkeit nach §§ 30 II, 154 I StGB nicht auswirken. Der Gewissenskonflikt des Zeugen entfällt nämlich deswegen, weil dieser durch Richtigstellung gemäß § 31 I Nr. 2 StGB straflos wird, also rechtlich unbefangen aussagen kann.[8]

5. D ist strafbar nach § 154 I StGB, für eine Anwendung von § 154 II StGB ist vorliegend nichts ersichtlich.

II. Strafvereitelung, § 258 StGB

1. D hat durch seine Versicherung bewirkt, dass A nicht aus § 248b StGB bestraft, sondern freigesprochen wurde, und dadurch den objektiven Tatbestand der Verfolgungsvereitelung verwirklicht.

---

4 Vgl. etwa auch BayObLG, NJW 1991, 1126 = **juris**byhemmer (Wenn dieses Logo hinter einer Fundstelle abgedruckt wird, finden Sie die Entscheidung online unter „juris by hemmer“: www.hemmer.de); MEYER- MEYER-GOßNER/SCHMITT, § 60 Rn. 20.

5 BGHSt 8, 301, 314 = **juris**byhemmer.

6 MEYER-GOßNER/SCHMITT, § 60 Rn. 19.

7 Vgl. MEYER-GOßNER/SCHMITT, § 60 Rn. 21.

8 MEYER-GOßNER/SCHMITT, § 60 Rn. 21; so auch BGHSt 30, 332 = **juris**byhemmer.

hemmer-Methode: Eine vollendete Strafvereitelung ist nicht erst durch die endgültige Verhinderung der Verurteilung bis zum Eintritt der Verjährung, sondern bereits dann gegeben, wenn es zu einer erheblichen Verzögerung hinsichtlich der Bestrafung kommt.[9]
Dies kann vorliegend angenommen werden, da A in erster Instanz freigesprochen wurde. Ob es später doch noch zu einer Bestrafung des A kommt, spielt für die Vollendung des § 258 I StGB keine Rolle.

2. Er wusste, dass A die Tat, die ihm vorgeworfen wurde, auch begangen hatte und wollte somit die Strafverfolgung vereiteln. Damit ist der subjektive Tatbestand erfüllt.

hemmer-Methode: Hinsichtlich der Vortat des Vereitelungsbegünstigten soll nach h.M. dolus eventualis genügen, da sich auf diese Tatsache der Begriff „absichtlich" logisch nicht beziehen könne. „Absicht" oder „Wissentlichkeit" (d.h. dolus directus 1. oder 2. Grades) müsse somit nur hinsichtlich der „Vereitelung" als solche vorliegen.[10] Angesichts des Gesetzeswortlauts erscheint aber auch eine a.A. vertretbar, und zwar mit dem Argument, dass der Begriff des „Vereitelns" auch die sichere Kenntnis von der Vortat voraussetze.

3. Rechtswidrigkeit und Schuld sind gegeben.

4. D hat sich nach § 258 I StGB strafbar gemacht. Mit dem Meineid gemäß § 154 I StGB besteht Idealkonkurrenz, § 52 I StGB.

III. Vortäuschen einer Straftat, § 145d II StGB

Der Tatbestand des § 145d II StGB ist nicht erfüllt, da D lediglich den Verdacht vom Täter abgelenkt hat, so dass die Strafverfolgungsbehörden nicht auf eine falsche Fährte gelenkt und damit nicht ungerechtfertigt in Anspruch genommen wurden.

hemmer-Methode: Dieses Delikt könnte auch weggelassen werden. Punkten Sie aber zusätzlich, indem Sie die (keineswegs abwegige) Vorschrift kurz anprüfen. Das gleiche gilt für den folgenden § 271 StGB.

IV. Mittelbare Falschbeurkundung, § 271 I StGB

Indem die falsche Aussage von D in wesentlichen Zügen im Gerichtsprotokoll aufgenommen wurde, könnte er sich gem. § 271 I StGB strafbar gemacht haben.

Bei dem Gerichtsprotokoll handelt es sich zwar um eine öffentliche Urkunde i.S.v. § 271 I StGB, so dass diese Vorschrift, die anders als § 267 StGB auch die *schriftliche Lüge* pönalisiert, Anwendung finden könnte. Die äußere Beweiskraft des Gerichtsurteils geht jedoch nur dahin, die Abgabe der Erklärung zu beurkunden, nicht jedoch deren Richtigkeit. Folglich stellt die Falschaussage des D keine mittelbare Falschbeurkundung dar.

hemmer-Methode: Denken Sie in Zusammenhängen: § 271 StGB stellt die mittelbare Täterschaft einer Falschbeurkundung im Amt unter Strafe.

---

9 FISCHER, § 258 Rn. 8.

10 FISCHER, § 258 Rn. 33.

Hintergrund ist, dass eine Strafbarkeit gemäß §§ 348, 25 I Alt. 2 StGB dann ausscheidet, wenn der veranlassende „Hintermann“ selbst kein Amtsträger ist. Dies ist erforderlich, da bei Sonderdelikten auch ein mittelbarer Täter die besondere persönliche Eigenschaft (hier: die Amtsträgerschaft) in seiner Person aufweisen muss.

B. Strafbarkeit des T

I. Falsche Versicherung an Eides Statt, § 156 StGB

1. T könnte sich durch das Abschicken des Schreibens nach § 156 StGB strafbar gemacht haben.

Das Gericht müsste eine zuständige Behörde i.S.d. § 156 StGB sein. Zuständig ist eine Behörde, wenn sie befugt ist, zum einen überhaupt und zum anderen gerade in diesem Verfahren und über diesen Gegenstand eidesstattliche Versicherungen abzunehmen.[11] Außerdem darf die eidesstattliche Versicherung im konkreten Fall nicht völlig wirkungslos sein.

Vor dem Strafgericht können eidesstattliche Versicherungen nur von anderen Personen als dem Beschuldigten und auch nur dann abgegeben werden, wenn sie nicht die Schuld- und Straffrage betreffen[12], denn nur bezüglich sonstiger (Verfahrens-)Fragen ist ein Freibeweis zulässig.

hemmer-Methode: Die Begriffe Streng- und Freibeweis sollten unbedingt bekannt sein: Unter dem Strengbeweisverfahren versteht man die Tatsache, dass bezügl. Schuld- und Rechtsfolgenfragen nur die in der StPO vorgesehenen Beweismittel (Zeugen-, Sachverständigen-, Urkunden- und Augenscheinsbeweis) verwendet werden dürfen. Näher dazu siehe hemmer/wüst, Skript StPO, Rn. 234 ff.

Da es im vorliegenden Fall aber gerade um die Tatbegehung durch A geht, war das Strafgericht keine zuständige Behörde i.S.d. § 156 StGB.

2. T ist nicht aus § 156 StGB zu bestrafen. Da es sich bei § 156 StGB um ein Vergehen handelt und der Versuch nicht mit Strafe bedroht ist, ist die Abgrenzung von Wahndelikt und untauglichem Versuch an dieser Stelle ohne Bedeutung.

hemmer-Methode: Für die Abgrenzung Wahndelikt / untauglicher Versuch kommt es maßgeblich darauf an, ob der Schwerpunkt des Irrtums in einem Sachverhalts- oder Bewertungsirrtum liegt. Die Abgrenzung ist dabei besonders bei normativ geprägten Tatbestandsmerkmalen, wie hier der „zuständigen Stelle“, schwierig.

II. Strafvereitelung, § 258 I StGB

1. Möglicherweise hat sich T aber aufgrund seines Verhaltens nach § 258 I StGB strafbar gemacht. Fraglich ist, ob das Abschicken des Schreibens *kausal* für den Freispruch und die daraus resultierende Verfolgungsvereitelung war.

Dies wäre nur dann der Fall, wenn das Schreiben auch in der Hauptverhandlung verwertet worden wäre. Dem könnte bereits der Unmittelbarkeitsgrundsatz entgegenstehen (§ 250 S. 2 StPO).

---

11 Vgl. Sch-Sch/Lenckner, § 156 Rn. 10.

12 BGHSt 24, 38 = **juris**byhemmer.

Denkbar wäre jedoch, dass die schriftliche Versicherung als Urkunde verlesen wurde und der Angeklagte bzw. sein Verteidiger hiermit gemäß § 251 I S. 1 StPO einverstanden waren. Jedoch fehlen vorliegend hinreichende Anhaltspunkte dafür, dass es hierzu kam. Mangels einer objektiven Verfolgungsvereitelung scheidet der objektive Tatbestand von § 258 I StGB vorliegend aus.

III. Versuchte Strafvereitelung, §§ 258 I, IV, 22, 23 I StGB

1. Bei lebensnaher Auslegung ging es T gerade darum, durch sein Schreiben das Gericht dazu zu veranlassen, A vom Vorwurf der angeklagten Tat freizusprechen. Mithin handelte T mit Tatentschluss hinsichtlich einer Verfolgungsvereitelung gem. § 258 I StGB.

2. Indem T das Schreiben an das Gericht schickte, setzte er nach seinem Vorstellungsbild gem. § 22 StGB auch unmittelbar zur Tat an.

3. T handelte rechtswidrig und schuldhaft.

Anhaltspunkte für einen etwaigen Rücktritt gem. § 24 I StGB sind nicht ersichtlich. T hat sich aufgrund seines Verhaltens wegen einer versuchten Strafvereitelung strafbar gemacht.

hemmer-Methode: Ein schwieriges und verstecktes Problem, bei dem es eher „Zusatz-Punkte“ gibt, wenn es überhaupt entdeckt wird!

C. Strafbarkeit der F

I. Meineid, § 154 I StGB

1. F könnte sich wegen ihrer Aussage gemäß § 154 I StGB strafbar gemacht haben. F hat vorliegend vor dem Gericht einen Eid geleistet. Dieser war falsch, denn er bezog sich auf eine objektiv wahrheitswidrige Aussage.

2. F kannte die Wahrheitswidrigkeit ihrer Aussage, handelte also vorsätzlich.

3. F handelte auch rechtswidrig und schuldhaft.

4. F hat sich wegen eines Meineids strafbar gemacht. Aufgrund der Angehörigenstellung der F (vgl. § 11 I Nr. 1a StGB) besteht jedoch die Möglichkeit einer Strafmilderung nach §§ 157 I, 49 II StGB.

II. Strafvereitelung, § 258 I StGB

F hat vorsätzlich, rechtswidrig und schuldhaft den Tatbestand der Verfolgungsvereitelung verwirklicht.

Zugunsten der F greift jedoch der Strafausschließungsgrund des § 258 VI StGB ein, da sie Angehörige i.S.d. § 11 I Nr. 1a StGB ist.

D. Strafbarkeit des A

I. Anstiftung zum Meineid des D, §§ 154 I, 26 StGB

1. Eine vorsätzliche, rechtswidrige Haupttat liegt in Form des von D begangenen Meineids vor.

2. A hat durch seine Bitte gegenüber D, vor Gericht die besagte Äußerung vorzunehmen, den Tatentschluss des D, einen Meineid zu leisten, durch eine Willensbeeinflussung im Wege des offenen geistigen Kontakts hervorgerufen und somit angestiftet i.S.v. § 26 StGB.

3. Die Bestrafung scheitert jedoch am erforderlichen doppelten Anstiftervorsatz, da dem A zwar Vorsatz hinsichtlich seiner Anstiftungshandlung zur Last gelegt werden kann, er jedoch nicht damit rechnete, dass D vereidigt werde, so dass kein Vorsatz bezüglich einer vorsätzlichen und rechtswidrigen Haupttat vorliegt.

4. A hat sich nicht nach §§ 154 I, 26 StGB strafbar gemacht.

II. Anstiftung zur falschen uneidlichen Aussage des D, §§ 153, 26 StGB

1. A hat den Tatentschluss des D, eine falsche uneidliche Aussage zu begehen, hervorgerufen. Diese ist auch erfolgt, da die falsche uneidliche Aussage zum tatsächlich erfolgten Meineid kein aliud, sondern ein *minus* darstellt.[13]

2. Der doppelte Anstiftervorsatz ist in diesem Fall zu bejahen.

3. Rechtfertigungs- und Schuldausschließungsgründe sind nicht ersichtlich, so dass sich A nach den §§ 153, 26 StGB strafbar gemacht hat.

III. Anstiftung zum Meineid des D durch Unterlassen, §§ 154 I, 26, 13 I StGB

1. A könnte sich darüber hinaus wegen Anstiftung zum Meineid durch Unterlassen strafbar gemacht haben, indem er D in der 10-minütigen Verhandlungspause nicht von der Tatbegehung abhielt.

a) Eine *Garantenstellung* des D könnte sich aus Ingerenz ergeben. Das vorausgegangene pflichtwidrige Tun könnte in der Benennung des D als Zeugen sowie in der vorher an D geäußerten Bitte, falsch für ihn auszusagen, liegen. A konnte sich nämlich ausrechnen, dass er D auf diese Weise in eine missliche Lage bringen würde.

Der BGH war zunächst mit der Annahme einer Garantenstellung aus Ingerenz recht großzügig. So wurde bereits das unwahre Bestreiten des Tatvorwurfs durch den Beschuldigten im Strafprozess als pflichtbegründende Vorhandlung angesehen.[14] Diese Rechtsprechung wurde jedoch auf Kritik des Schrifttums[15] hin eingeschränkt.

Mittlerweile verlangt der BGH, dass der Beschuldigte die Aussageperson in eine *prozessunangemessene besondere Gefahr* der Falschaussage gebracht hat.[16]

Diese Voraussetzung ist im vorliegenden Fall erfüllt, da A den D wissentlich zu einer Falschaussage angestiftet und sogar noch die Vernehmung des D beantragt hat, obwohl er wusste, dass er diesen damit in eine schwierige Lage bringen würde.[17]

Die Gegenauffassung in der Literatur, die eine Garantenstellung ablehnt, indem sie die volle Verantwortlichkeit des Aussagenden betont und eine Garantenstellung nur bei fehlender Verantwortlichkeit des Aussagenden selbst annimmt[18], ist abzulehnen, da hier Kriterien der mittelbaren Täterschaft und der Garantenstellung miteinander vermengt werden.

b) Fraglich ist jedoch, *woran* der Unterlassungsvorwurf anzuknüpfen ist.

Hierbei ist zu beachten, dass die StPO dem Beschuldigten aus unverzichtbaren rechtsstaatlichen Erwägungen ein Schweigerecht gewährt (vgl. etwa §§ 243 V S. 1, 136 I S. 2 StPO), also auch keine Verpflichtung auferlegt, sich zur Richtigkeit einer falschen Zeugenaussage zu äußern. Es wäre daher mit den Beschuldigtenrechten im Strafprozess nicht vereinbar, dem A die Pflicht zu einer Einwirkung auf den Aussagenden *während* dessen Vernehmung aufzubürden.

---

13 FISCHER, § 154 Rn. 20.

14 BGH, MDR/D 1953, 272.

15 Vgl. SCH-SCH/LENCKNER, v. § 153 Rn. 39.

16 BGHSt 14, 230 = **juris**byhemmer.

17 Vgl. BGH, NStZ 1993, 489 = **juris**byhemmer.

18 SCH-SCH/LENCKNER, v. § 153 Rn. 40.

Im vorliegenden Fall standen A und D jedoch in der Verhandlungspause zusammen auf dem Flur, wo es dem A ohne weiteres möglich gewesen wäre, D zu einer Rücknahme seiner Äußerung zu bewegen.

Daher bestand für A die Möglichkeit und auch die Rechtspflicht, in der Verhandlungspause auf D einzuwirken und ihn zu einem Widerruf seiner Äußerungen zu bewegen.[19] Dieser Rechtspflicht ist A nicht nachgekommen.

c) Fraglich ist jedoch die *hypothetische Kausalität*. Es kann nicht mit Sicherheit angenommen werden, dass D, der bereits hartnäckig *geleugnet* hatte, sich durch eine entsprechende Bitte des A noch einmal hätte umstimmen lassen.

Ein sicherer Nachweis hinsichtlich des erforderlichen hypothetischen Kausalzusammenhangs gelingt somit vorliegend nicht.

2. A hat daher keine *Anstiftung* zum Meineid durch Unterlassen begangen.

hemmer-Methode: Im vorliegenden Fall wäre es gut vertretbar gewesen, die Anstiftung kürzer abzuhandeln und sich direkt der Frage einer Beihilfe durch Unterlassen zu widmen.

IV. Beihilfe zum Meineid des D durch Unterlassen, §§ 154 I, 27 I, 13 I StGB

1. In Betracht käme jedoch Beihilfe in Form der sog. *psychischen Beihilfe*. Diese psychische Beihilfe kann auch einem bereits zur Tat entschlossenen Täter geleistet werden.[20] Durch Nichtvornahme der rechtlich gebotenen und ihm auch tatsächlich möglichen Einwirkungshandlung hat A den Tatentschluss des D bei lebensnaher Auslegung *gestärkt*, so dass der objektive Tatbestand verwirklicht ist.[21]

2. Ein entsprechender Vorsatz des A bezüglich seiner Beihilfehandlung sowie der rechtswidrigen Haupttat ist anzunehmen. Ein Irrtum über das Vorliegen der Garantenpflicht wäre auf Tatbestandsebene unbeachtlich, da A die Tatsachen kannte, aus denen sich die Garantenstellung ergab.

3. Rechtfertigungsgründe sind nicht ersichtlich.

4. Hinsichtlich seines Unrechtsbewusstseins könnte A zwar einem Verbotsirrtum (§ 17 StGB) erlegen sein, wenn er sich über das Bestehen oder die Grenzen seiner Garantenpflicht geirrt hätte.

Jedoch fehlen hierfür hinreichende Anhaltspunkte. Zudem wäre ein solcher Irrtum jedenfalls vermeidbar gewesen, so dass lediglich eine fakultative Strafmilderung nach §§ 17 S. 2, 49 I StGB in Betracht käme.

hemmer-Methode: Gehen Sie die Lösung noch einmal danach durch, wie hier das ganze Spektrum möglicher Beteiligungsformen (Anstiftung, Anstiftung durch Unterlassen, Beihilfe durch Unterlassen) durchgespielt wird und wo jeweils die Probleme liegen. Es wäre zwar denkbar, gleich mit der Beihilfe durch Unterlassen zu beginnen und die Probleme dann jeweils in der Abgrenzung (zum Tun und zur Anstiftung) zu behandeln. Allerdings wirken längere Inzidentprüfungen häufig unübersichtlich.

5. A hat sich wegen einer Beihilfe zum Meineid durch Unterlassen strafbar gemacht.

---

19 Vgl. BGH, NStZ 1993, 489 = jurisbyhemmer.

20 BGH, NJW 1951, 451.

21 Andere Ansicht vertretbar.

6. Mit der Anstiftung zur uneidlichen Falschaussage besteht Tateinheit, § 52 I StGB.

Die für die Annahme von Tateinheit notwendige Überschneidung liegt hier in der Anstiftungshandlung, die einmal unmittelbar die Strafbarkeit begründet, gleichzeitig aber beim Unterlassungsdelikt unverzichtbar ist für die Bejahung der Garantenstellung.[22]

hemmer-Methode: Hier ist mit entsprechender Argumentation auch eine andere Ansicht vertretbar. Der BGH nimmt ohne jede Begründung Tateinheit gemäß § 52 StGB an.

V. Anstiftung zur Strafvereitelung des D, §§ 258 I, 26 StGB

A hat D zur Strafvereitelung angestiftet. Für den Vortäter ist jedoch die Anstiftung zur selbstbegünstigenden Strafvereitelung nicht strafbar, wie sich der Wertung des § 258 V StGB entnehmen lässt.

hemmer-Methode: Beachten Sie die Mischung der Stilarten im Gutachten, die nicht willkürlich erfolgt, sondern in der sich die Schwerpunktsetzung widerspiegelt: Zum Problem der Beteiligung am Meineid wird ausführlich und genau begründet Stellung genommen, die Anstiftung zur Strafvereitelung kann dagegen kurz „abgehakt“ werden.
Beachten Sie, dass der Gesetzgeber die gleiche Konstellation bei der Begünstigung jedoch für strafwürdig befunden hat, § 257 III S. 2 StGB. Insoweit kann bei § 258 I StGB auch mit einem „Umkehrschluss“ argumentiert werden.

VI. Anstiftung zur versuchten falschen Versicherung an Eides Statt durch T, §§ 156, 22, 23 I, 26 StGB

Wie bereits dargestellt ist der Versuch der falschen Versicherung an Eides Statt nicht strafbar, da es sich um ein Vergehen handelt (§§ 23 I, 12 I StGB). Es fehlt daher bereits an der rechtswidrigen Haupttat.

VII. Versuchte Anstiftung des T zur falschen Versicherung an Eides Statt, §§ 159, 156 StGB

hemmer-Methode: Durch § 159 StGB wird der auf Verbrechen beschränkte Anwendungsbereich des § 30 I StGB auf die Vergehenstatbestände der §§ 153, 156 StGB erweitert, während der Meineid über § 30 I StGB direkt erfasst wird. Die Regelung des § 159 StGB ist insofern systemwidrig, als weder bei § 153 StGB noch bei § 156 StGB der Versuch unter Strafe gestellt ist, hier jedoch die versuchte Anstiftung zu diesen Delikten strafbar ist. Begründet wird dies kriminalpolitisch mit der besonderen Gefährlichkeit der Anstiftung zu Aussagedelikten. Denn wahrheitsgemäße Angaben spielen eine sehr wichtige Rolle für die Funktionsfähigkeit der Rechtspflege.

1. A hat den T angestiftet, eine falsche Versicherung an Eides Statt beim Strafgericht abzugeben. Da dieses aber nicht zur Entgegennahme der Versicherung zuständig war, war die Tat des T entweder ein strafloser untauglicher Versuch oder nur ein Wahndelikt.

---

[22] BGH, NStZ 1993, 489 = **juris**byhemmer.

Diese Abgrenzung ist für die Anwendbarkeit des § 159 StGB auf A insofern von Bedeutung, als beim Vorliegen eines Wahndelikts § 159 StGB ausscheidet, da hier überhaupt nicht auf die Begehung von strafbarem Unrecht hingewirkt wird.

Der Unterschied zwischen untauglichem Versuch und Wahndelikt liegt darin, dass beim untauglichen Versuch irrigerweise ein Sachverhalt angenommen wird, bei dessen Vorliegen der entsprechende Tatbestand verwirklicht wäre, während beim stets straflosen Wahndelikt der Täter bei richtiger Tatsachenkenntnis aufgrund falscher rechtlicher Erwägungen von der Verwirklichung eines Delikts ausgeht.

Diese Abgrenzung ist insbesondere bei Aussagedelikten dann nicht einfach, wenn die verkannten Normen im Vorfeld des in Frage stehenden Straftatbestandes angesiedelt sind (z.B. prozessuale Zuständigkeitsregeln). Ein Teil der Literatur und wohl auch der BGH in seiner nicht ganz widerspruchsfreien Rechtsprechung messen diesen „Irrtümern im Vorfeld des Tatbestandes" vorsatzausschließenden bzw. versuchsbegründenden Charakter zu.[23]

Demzufolge wird bei dem Irrtum über die Zuständigkeit einer Stelle zur Entgegennahme einer entsprechenden Aussage ein Wahndelikt nur dann angenommen, wenn die fragliche Stelle in keinem Fall - unter welchen Voraussetzungen und in welchem Verfahren auch immer - zur Abnahme einer entsprechenden Äußerung zuständig ist. Da die Strafgerichte in Verfahrensfragen durchaus zur Entgegennahme einer Versicherung an Eides Statt zuständig sind, ist demzufolge ein untauglicher Versuch anzunehmen.[24]

2. Umstritten ist, ob aus § 159 StGB auch dann bestraft werden soll, wenn der Angestiftete einen untauglichen Versuch begangen hat. Dann wäre nämlich der Täter selbst nicht wegen Versuchs strafbar (§§ 156, 23 I, 12 II StGB), wohl aber der Anstifter wegen versuchter Anstiftung.

Da dies für unbefriedigend gehalten wird, wendet die Rspr. den § 159 StGB in einem solchen Fall in teleologisch restriktiver Auslegung nicht an.

Dies wird damit begründet, dass § 30 I StGB zwar auch anwendbar sei, wenn die Tätigkeit, die der Angestiftete nach dem Willen des Anstifters entfalten soll, nur zu einem untauglichen Versuch führen könnte; jedoch beruhe dies darauf, dass diese Vorschrift allgemein nur für Verbrechen gelte, deren Versuch stets strafbar sei. Die Anstiftung zur Abgabe einer falschen eidesstattlichen Versicherung (also einem Vergehen, § 12 II StGB) vor einer unzuständigen Behörde sei daher nicht der Strafandrohung des § 159 StGB unterworfen.[25]

Die in der Literatur vertretene Gegenansicht fühlt sich dagegen dem Wortlaut des § 159 StGB verpflichtet.[26]

Es ist aber darauf zu verweisen, dass es zur Beurteilung der Strafbarkeit auf die Vorstellung des Täters von der Tat ankommen muss. Die einschränkende Auslegung des BGH führt insoweit zu gerechteren Ergebnissen und ist daher vorzugswürdig.

3. A ist nicht nach §§ 159, 156 StGB strafbar (a.A. vertretbar).

---

23 Vgl. SCH-SCH/ESER, § 22 Rn. 82 ff. m.w.N.

24 Vgl. SCH-SCH/LENCKNER, § 154 Rn. 15. Andere Ansicht vertretbar.

25 Vgl. BGHSt 24, 38, 40 = **juris**byhemmer.

26 Vgl. SCH-SCH /LENCKNER, § 159 Rn. 4.

VIII. Anstiftung zur Strafvereitelung des T, §§ 258 I, 26 StGB

A hat T zur Strafvereitelung angestiftet. Als Vortäter hat er sich damit aber nicht strafbar gemacht. Da der Vortäter sich nicht nach § 258 StGB strafbar machen kann (Rechtsgedanke des § 258 V StGB), kann er insoweit auch nicht als Anstifter bestraft werden (vgl. auch Umkehrschluss aus § 257 III S. 2 StGB).

IX. Anstiftung zum Meineid der F, §§ 154 I, 26 StGB

Die Anstiftung zum Meineid der F scheitert am Anstiftervorsatz, da sich der Vorsatz des A nicht darauf bezog, dass F *vorsätzlich* falsch aussagte. A ging davon aus, dass sie an die Richtigkeit ihrer Aussage glaubte. Dann hätte sie nach § 16 I StGB nicht vorsätzlich gehandelt.

X. Versuchte Anstiftung zum Meineid, §§ 154 I, 30 I StGB

Aus dem gleichen Grund, nämlich dem fehlenden Anstiftervorsatz, scheitert auch die versuchte Anstiftung zum Meineid.

XI. Verleitung der F zur Falschaussage, § 160 I StGB

hemmer-Methode: § 160 StGB schließt die Lücke, die sich daraus ergibt, dass es sich bei den §§ 153 ff. StGB um *eigenhändige Delikte* handelt, so dass diese nicht in mittelbarer Täterschaft gem. § 25 I Alt. 2 StGB begangen werden können.

Wegen des außerordentlich geringen Strafrahmens der Vorschrift ist jedoch davon auszugehen, dass sie nur Ergänzungsfunktion haben kann und nicht alle Fälle erfasst, die konstruktiv mittelbare Täterschaft darstellen. Unter § 160 StGB fallen daher nur die Konstellationen, in denen der Hintermann den Aussagenden für gutgläubig (also unvorsätzlich) hält, nicht jedoch die Fälle, bei denen der Aussagende schuldlos handelt (so z.B. bei einer Bedrohung des Aussagenden durch den Hintermann). Hier greift die Anstiftung ein, die wegen der *limitierten* Akzessorietät nur eine vorsätzliche und rechtswidrige (nicht dagegen eine schuldhafte) Haupttat verlangt.

1. Eine objektiv falsche Aussage liegt vor. Fraglich ist jedoch das „Verleiten", da die F hier nicht *gutgläubig*, sondern *bewusst falsch* ausgesagt hat.

Nach dem BGH steht jedoch ein bösgläubiges Handeln der F in Abweichung von der Vorstellung des A der Tatbestandsmäßigkeit des § 160 I StGB nicht entgegen.

Auch bei Bösgläubigkeit des Verleiteten sei der Tatbestand erfüllt, was mit dem Vergleich zu § 357 StGB begründet wird[27], bei dem auch jede Art von Einwirkung vom Tatbestand erfasst wird, unabhängig davon, ob der Verleitete vorsätzlich oder gutgläubig handelt.

Nach a.A. scheidet in dem Fall, dass der Eid bewusst falsch beschworen oder die uneidliche Aussage bewusst falsch gemacht wird, eine Vollendung des § 160 I StGB aus, da es wegen des Exzesses des Verleiteten gar nicht zu der vom Verleitenden gewünschten Aussage kommt.

---

[27] BGHSt 21, 116 = jurisbyhemmer.

a) Das Preisetikett müsste eine Urkunde darstellen. Darunter versteht man eine verkörperte Gedankenerklärung, die zum Beweis im Rechtsverkehr geeignet und auch bestimmt ist und die ihren Aussteller erkennen lässt.[35] Unter den Urkundenbegriff fallen auch sog. Beweiszeichen, die mit einem körperlichen Gegenstand fest verbunden sind. Sie stellen nach Gesetz, Herkommen oder Vereinbarung der Beteiligten erkennbar eine menschliche Gedankenerklärung dar.[36]

hemmer-Methode: Von den Beweiszeichen sind die sog. Kennzeichen zu unterscheiden. Diese dienen nur der unterscheidenden Kennzeichnung, der Sicherung oder dem Verschluss.
Bei dem Urkundenbegriff handelt es sich um eine Definition, die Sie in der Klausur ohne langes Überlegen parat haben müssen. Merken Sie sich, dass eine Urkunde i.S.d. StGB nur vorliegt, wenn Perpetuierungs-, Beweis- und Garantiefunktion gegeben sind.

Ein Preisetikett enthält im Geschäftsverkehr eine Aussage über den Preis der bezeichneten Ware. Es lässt auch den Aussteller, hier den Allkauf-Markt, erkennen.

Voraussetzung für die Urkundeneigenschaft ist jedoch auch, dass im Fall einer zusammengesetzten Urkunde eine feste Verbindung zum Bezugsobjekt besteht. Die Verbindung bei einem Selbstklebeetikett ist hierbei ausreichend, sofern das Etikett unmittelbar an der Ware selbst angebracht wird und nicht nur an einer losen Verpackung.[37] Es lässt sich damit festhalten, dass das Preisetikett zusammen mit der Flasche als Bezugsobjekt eine (zusammengesetzte) Urkunde i.S.d. § 274 I Nr. 1 StGB darstellt.[38]

b) Die Urkunde darf dem Täter nicht oder nicht ausschließlich gehören. Dabei ist nicht die dingliche Rechtslage maßgeblich, sondern ob der Täter das alleinige Recht hat, die Urkunde zum Beweis im Rechtsverkehr zu gebrauchen.[39] Beweisführungsberechtigt ist bei einem Preisetikett jedenfalls auch der ausstellende Supermarkt. Damit „gehört" es dem Täter nicht.

c) Als Tathandlung kommt das Vernichten in Betracht, das vorliegt, wenn die Urkundenqualität durch Beseitigung des gedanklichen Inhalts endet. Durch Entfernen des Etiketts von seinem Bezugsobjekt wird die zusammengesetzte Urkunde als Beweismittel untauglich, die Beweissubstanz geht verloren. M hat die Urkunde daher vernichtet.

2. M handelte vorsätzlich. Er müsste auch die erforderliche Nachteilszufügungsabsicht besessen haben.

Hierbei ist nach h.M. nicht Absicht im Sinne von dolus directus 1. Grades erforderlich, sondern es genügt das Bewusstsein, dass der Nachteil notwendige Folge der Tat ist, also dolus directus 2. Grades.[40]

Allerdings muss der Täter beabsichtigen, die Benutzung gerade des gedanklichen Inhalts in einer aktuellen Beweissituation zu vereiteln. Dem M ging es vorliegend nur darum, das Etikett anderweitig zu verwenden. Da die Ware jederzeit neu ausgezeichnet werden kann und auch M wohl davon ausging, dass sich ein fehlendes Preisetikett leicht ersetzen lässt, fehlte ihm die Nachteilszufügungsabsicht im Sinne des § 274 I StGB.

---

35 Wessels/Hettinger, BT-1, Rn. 790.

36 Fischer, § 267 Rn. 2.

37 Vgl. dazu den „Oberhemdenfall" des OLG Köln, NJW 79, 729.

38 Fischer, § 267 Rn. 6.

39 Wessels/Hettinger, BT-1, Rn. 888.

40 Fischer, § 274 Rn. 9.

hemmer-Methode: Entscheidend ist somit für die Nachteilszufügungsabsicht i.S.v. § 274 I StGB, dass das Bewusstsein sich auf einen Nachteil bezieht, der unmittelbar auf der konkreten Tathandlung beruht. Erst im weiteren Verlauf später eintretende (potentielle) Nachteile werden nicht erfasst.

3. M ist nicht gem. § 274 I Nr. 1 StGB strafbar.

IV. Urkundenfälschung durch Anbringen des billigeren Preises, § 267 I StGB

1. Durch das Anbringen des billigeren Preises auf der Campari-Flasche könnte sich M nach § 267 I StGB strafbar gemacht haben.

a) Das Preisetikett ist zusammen mit der Campari-Flasche eine zusammengesetzte Urkunde.

b) Fraglich ist jedoch, welche Handlungsvariante des § 267 I StGB einschlägig ist.

Man könnte vertreten, dass in dem Überkleben des alten Preises zunächst eine Urkundenunterdrückung nach § 274 I Nr. 1 StGB liegt, indem die Urkundenqualität für einen kurzen Moment endet. Dies wird umso augenfälliger, wenn der alte Preis nicht einfach überklebt, sondern erst entfernt wird. Das Aufkleben des neuen Etiketts stellt dann genaugenommen die Herstellung einer unechten Urkunde (1. Var.) dar.

Die h.M. nimmt in einem solchen Fall allerdings die 2. Var. des § 267 I StGB an. Denn bei natürlicher Betrachtungsweise seien die soeben beschriebenen Einzelakte als einheitliche Tathandlung anzusehen, durch die der Verfälschungstatbestand verwirklicht werde (2. Var.). Die zwischenzeitliche Urkundenunterdrückung sei nur Mittel zur Verfälschung und werde damit als notwendige Begleittat von § 267 I 2. Var. StGB verdrängt.

Da der Verfälschungstatbestand (2. Var.) einen Spezialfall der 1. Var. darstellt, genießt er diesem gegenüber gesetzeskonkurrierenden Vorrang.

Soweit also im Verfälschen zugleich das Herstellen einer unechten Urkunde liegt, muss die 1. Var. zurücktreten. Damit hat M den Verfälschungstatbestand verwirklicht.[41]

M hat von dieser Urkunde außerdem durch Vorzeigen an der Kasse Gebrauch gemacht (3. Var.). Fraglich ist, ob er damit zwei Urkundenfälschungen begangen hat. Verfälscht der Täter eine Urkunde in konkreter Gebrauchsabsicht und gebraucht die Urkunde dann auch so, wird überwiegend angenommen, es liege nur eine Urkundenfälschung vor.[42] Die Rechtsprechung begründet dies damit, dass im Herstellen einer unechten bzw. im Verfälschen einer echten Urkunde die Vollendung, im Gebrauchmachen die Beendigung der Straftat liege (sog. tatbestandliche Handlungseinheit).[43] Nach der Argumentation der Lehre werde - auf zeitlich verschiedener Stufe - nur ein Angriff auf die Sicherheit des Rechtsverkehrs vorgenommen.

hemmer-Methode: Dass das Herstellen und der anschließende Gebrauch nur eine Urkundenfälschung darstellen, kann man auch mit dem Wortlaut des § 267 StGB begründen. Indem bereits die Herstellung zur Täuschung im Rechtsverkehr erfolgen muss, liegt quasi ein zweiaktiges Delikt vor. Das spätere Gebrauchen der Urkunde entsprechend der von vornherein bestehenden Täuschungsabsicht stellt dann kein zusätzliches Unrecht dar.

---

41 Lesenswert zu den Urkundendelikten GEPPERT, Jura 1988, 158 ff.

42 GEPPERT, Jura 1988, 158, 163.

43 BGHSt 17, 97 ff. = jurisbyhemmer.

Alternativ ließe sich dieses - grds. unumstrittene - Ergebnis auch damit begründen, dass im Verfälschen eine mitbestrafte Vor- oder aber (wohl überzeugender) im Gebrauchen eine mitbestrafte Nachtat liegt. Welchen dogmatischen Ansatz Sie wählen, ist zweitrangig. Auf jeden Fall sollten aber die innertatbestandlichen Konkurrenzen der verschiedenen Tathandlungen bei § 267 I StGB thematisiert werden.

2. M handelte vorsätzlich und zur Täuschung im Rechtsverkehr, das heißt mit dem Willen, einen anderen über die Echtheit der Urkunde zu täuschen und damit zu einem rechtserheblichen Verhalten zu veranlassen.

3. Ein besonders schwerer Fall gem. § 267 III StGB liegt nicht vor, da die Tat sich lediglich auf eine Flasche Campari im Wert von ca. 20,- € bezog, so dass von einem Vermögensverlust größeren Ausmaßes nicht die Rede sein kann.

4. Da M auch rechtswidrig und schuldhaft gehandelt hat, ist er gem. § 267 I StGB strafbar, indem er das Etikett mit dem niedrigeren Preis auf der Flasche Campari anbrachte.

V. Urkundenunterdrückung durch Überkleben des teureren Preises, § 274 I Nr. 1 StGB

1. Das überklebte Preisetikett im Zusammenhang mit der Campari-Flasche stellt eine zusammengesetzte Urkunde dar.

Als Handlungsvariante kommt das Vernichten in Betracht, denn durch das Überkleben wird das alte Preisschild in der Regel als Beweismittel untauglich gemacht.

M handelte vorsätzlich und mit Nachteilszufügungsabsicht, denn er war sich bewusst, dass mit dem alten Preisschild auf der konkreten Flasche kein Beweis mehr zu erbringen war.

2. M handelte rechtswidrig und schuldhaft.

3. M hat sich wegen einer Urkundenunterdrückung strafbar gemacht. Die Tat wird allerdings von § 267 I StGB verdrängt (vgl. oben).

VI. Sachbeschädigung durch Überkleben des höheren Preises, § 303 I StGB

1. Das Preisetikett der teureren Flasche ist eine fremde Sache. Eine Beschädigung liegt vor, weil es ohne Substanzbeeinträchtigung nicht wieder zum Vorschein gebracht werden kann.[44]

2. M handelte vorsätzlich, rechtswidrig und schuldhaft.

3. M hat sich insoweit wegen Sachbeschädigung strafbar gemacht; es ist auf das Strafantragserfordernis des § 303c StGB zu achten. Allerdings tritt § 303 StGB hinter § 274 I StGB und damit im Ergebnis auch hinter § 267 I StGB zurück.

hemmer-Methode: Setzen Sie richtige Schwerpunkte: Die §§ 274, 303 I StGB sind in diesem Zusammenhang von untergeordneter Bedeutung und treten auf Konkurrenzebene zurück, so dass sie nur knapp zu prüfen sind.

VII. Urkundenfälschung durch Hineinlegen der Backmischung in den Karton, § 267 I StGB

1. Dadurch, dass M die Backmischung in den Karton legte, könnte er sich nach § 267 StGB strafbar gemacht haben.

---

[44] BGH, NStZ 1992, 508: "Überklebtes Wahlplakat".

Dazu müsste er eine unechte Urkunde hergestellt bzw. eine echte Urkunde verfälscht haben.

Der Inhalt des Kartons entsprach nach dem Hineinlegen der Backmischung nicht mehr dem Inhalt, der laut Außenseite des Kartons vorhanden sein sollte.

Bei dem Karton mit der Aufschrift bzgl. des Inhalts könnte es sich um eine zusammengesetzte Urkunde handeln. Eine solche liegt aber nur dann vor, wenn eine verkörperte Gedankenerklärung mit ihrem Bezugsobjekt räumlich fest zu einer Beweismitteleinheit verbunden wird, so dass beide zusammen einen einheitlichen Beweis- und Erklärungsinhalt in sich vereinigen.[45]

Fraglich ist die Beweisbestimmung des Kartons. Unzweifelhaft besteht zwischen dem Karton und der Beschreibung des Inhalts eine feste Verbindung. Dies reicht aber nicht aus, da sich die Beschreibung nicht auf den Karton selbst, sondern nur auf dessen Inhalt bezieht. Nur dieser kann Bezugsobjekt für die Aufschrift sein. Insoweit fehlt es aber an der für die Bejahung einer zusammengesetzten Urkunde erforderlichen festen Verbindung zwischen Aufschrift und Bezugsobjekt („loser Karton“).

2. M hat sich nicht nach § 267 StGB strafbar gemacht.

hemmer-Methode: Hierbei handelt es sich um einen Tatbestand, der unter „ernsten Bedingungen“, d.h. vor allem bei einem entsprechenden Zeitlimit, auch weggelassen werden kann.

45 OLG Stuttgart, NJW 1978, 715. = **juris**byhemmer.

VIII. Diebstahl der Backmischung durch Verstecken im Karton, § 242 I StGB

1. M könnte durch das Verstecken der Backmischung aber einen Diebstahl begangen haben.

Die Backmischung als bewegliche Sache war für M fremd.

M müsste daran den Gewahrsam gebrochen und neuen begründet haben. Fraglich ist, ob M zum Zeitpunkt des Einsteckens der Backmischung in den Karton schon neuen Gewahrsam begründet hat. Dies könnte nach der herrschenden Apprehensionstheorie der Fall sein, da es sich um einen kleinen Gegenstand handelt. Indes kann der Karton keine Gewahrsamsenklave des M begründen. Es besteht insofern ein Unterschied zu selbst mitgebrachten, persönlichen Gegenständen wie dem Mantel.

Bezogen auf den Karton war eine jederzeitige Zugriffsmöglichkeit des Ladenbesitzers bzw. -verwalters nach wie vor gegeben und hätte - anders als bei der Suche nach Gegenständen in der Kleidung - überhaupt keiner Rechtfertigung bedurft. Durch das Verstecken der Backmischung im Karton der Haushaltswaage hat M keinen neuen Gewahrsam begründet.[46]

hemmer-Methode: Das Gleiche gilt, wenn die Ware in anderer Weise im Einkaufswagen versteckt wird, so z.B. durch das Bedecken mit Prospekten.

46 Zum Gewahrsamsbruch in Selbstbedienungsläden vgl. auch BayObLG, NJW 1997, 3326 = **juris**byhemmer, das ausnahmsweise die Vollendung selbst bei Passieren der Kasse ablehnt.

2. Zum Zeitpunkt des Versteckens der Backmischung liegt seitens des M kein vollendeter Diebstahl vor.

IX. Diebstahl am Campari durch das Passieren der Kasse, § 242 I StGB

1. Dadurch, dass M mit der Flasche die Kasse passierte, könnte er sich nach § 242 I StGB strafbar gemacht haben. Die Flasche Campari müsste eine fremde, bewegliche Sache sein. Problematisch ist das Merkmal „fremd", denn die Kassiererin könnte dem M das Eigentum an der Flasche übertragen haben. Fraglich ist insoweit, wie sich deren Irrtum über den wahren Preis auswirkt. Nach dem zivilrechtlichen Abstraktionsprinzip sind jedoch Verpflichtungs- und Verfügungsgeschäft grundsätzlich voneinander unabhängig zu behandeln. Daher hat die Kassiererin, wenn auch im Irrtum über den Kaufpreis, dem M die Flasche Campari übereignet. Diese ist damit nicht mehr für M fremd.

2. M ist nicht wegen Diebstahls an der Flasche Campari strafbar.

hemmer-Methode: Denkbar wäre, eine durch das Kassieren des korrekten Preises aufschiebend bedingte Übereignung anzunehmen (wenngleich diese Konstruktion das Abstraktionsprinzip spürbar zurückdrängen würde). Allerdings würde ein Diebstahl dann am Merkmal der Wegnahme scheitern.

X. Betrug an der Kasse durch Bezahlen des niedrigeren Preises, § 263 I StGB

1. M könnte sich aber aufgrund seines Verhaltens eines Betruges im Hinblick auf die Preisdifferenz zwischen der Flasche Campari und dem billigeren Wein strafbar gemacht haben.

a) M müsste die Kassiererin getäuscht haben. Ausdrücklich ist dies nicht geschehen. Durch das Vorzeigen der Ware gibt der Käufer jedoch nach der Verkehrsauffassung konkludent zu verstehen, der anhaftende Preis sei derjenige, mit dem die Ware auch ausgezeichnet worden sei.

Da dem nicht so war, liegt damit eine Täuschungshandlung vor. Durch diese wurde bei der Kassiererin auch ein entsprechender Irrtum erregt, denn diese ging nach der Verkehrsauffassung davon aus, dies sei der durch Befugte angebrachte Preis (sog. sachgedankliches Mitbewusstsein). Infolge des Irrtums müsste sie eine Vermögensverfügung vorgenommen haben, worunter man jedes Tun, Dulden oder Unterlassen versteht, das sich unmittelbar vermögensmindernd auswirkt. Ein solches vermögensminderndes Tun kann hier in der von der Kassiererin vorgenommenen (irrtumsbedingten) Übereignung sowie der Besitzübertragung gesehen werden.

hemmer-Methode: Vertretbar wäre es auch, das Unterlassen der Geltendmachung des Differenzbetrags in den Vordergrund zu stellen.
Es läge dann ein sog. Forderungsbetrug vor, bei dem - anders als beim Sachbetrug (dazu unten) - keine Verfügungsbefugnis erforderlich ist.

Es müsste gerade durch die Vermögensverfügung ein Vermögensschaden entstanden sein. Unschädlich ist jedenfalls die Personenverschiedenheit von Verfügendem (Kassiererin) und Geschädigtem (Allkauf), da bei § 263 StGB nur Identität von Getäuschtem und Verfügendem erforderlich ist.

Im Falle eines Dreiecksbetrugs reicht es nämlich aus, dass der Getäuschte in der Lage ist, rechtlich oder tatsächlich über das betroffene Vermögen zu verfügen.[47]

hemmer-Methode: An dieser Stelle könnte auch etwas näher auf die verschiedenen Ansätze (Lagertheorie; Befugnistheorie) eingegangen werden. Alle Auffassungen kommen vorliegend zur Bejahung einer hinreichenden Nähebeziehung zwischen Verfügendem und Geschädigtem.

Dies ist hier der Fall, da die Kassiererin rechtlich dazu befugt ist, dem Käufer bezahlte Waren auszuhändigen.

Problematischer ist allerdings der Vermögensschaden, denn die Mehrforderung bleibt ja bestehen und geht nicht etwa durch Nichterhebung unter. Das Vermögen von Allkauf ist somit an sich, rein zivilrechtlich betrachtet, nicht geschmälert worden.

Jedoch kann diese Forderung mangels Kenntnis zum Zeitpunkt der Tat nicht realisiert werden, womit unter Berücksichtigung der allgemeinen Verkehrsanschauungen doch ein Vermögensschaden vorliegt. Der objektive Tatbestand des Betrugs ist damit erfüllt. Zudem sind zivilrechtliche Ansprüche, die dem Geschädigten aufgrund der Täuschung erwachsen (z.B. aus Bereicherungs- oder Deliktsrecht), im Rahmen der Schadenskompensation unbeachtlich.[48]

b) M handelte auch vorsätzlich und mit der Absicht rechtswidriger wie stoffgleicher Bereicherung.

2. Er handelte rechtswidrig und schuldhaft.

3. M ist wegen Betrugs strafbar. Über § 263 IV StGB ist auch hier das Strafantragserfordernis nach § 248a StGB zu beachten.

XI. Diebstahl durch Nichtbezahlen der Backmischung an der Kasse, § 242 I StGB

1. Bei der Backmischung handelt es sich um eine fremde, bewegliche Sache, die dem M nicht wirksam an der Kasse übereignet wurde. Ein Gewahrsamsbruch nebst Neubegründung liegt zwar noch nicht im Verstecken der Backmischung im Karton (s.o.), könnte jedoch im Passieren der Kasse ohne Bezahlung liegen.

Allerdings ist zu beachten, dass die Bejahung des Diebstahlsdelikts nicht unumstritten ist, sondern der Sachverhalt auch die Tatbestandsmerkmale eines Betruges i.S.d. § 263 I StGB erfüllen könnte.

Wenn sich der Täter eine Sache durch Täuschung verschafft, kommt es für die strafrechtliche Abgrenzung zwischen Diebstahl und Betrug darauf an, ob ihm dies durch Wegnahme i.S.d. § 242 StGB, also eine eigenmächtige Handlung, oder aber durch Vermögensverfügung des Getäuschten i.S.d. § 263 StGB gelingt.[49] Dabei wird allgemein angenommen, dass diese Merkmale sich gegenseitig ausschließen.

---

47 LACKNER/KÜHL, § 263 Rn. 28.

48 Vgl. SCH-SCH/CRAMER, § 263 Rn. 120.

49 BGH, NJW 1995, 3129, 3130 m.w.N. = jurisbyhemmer.

Für ihre Unterscheidung kann es nicht allein auf das äußere Bild von Geben oder Nehmen ankommen, sondern darauf, ob nach der inneren Willensrichtung des Getäuschten ein *freiwilliger* oder *unfreiwilliger Gewahrsamsverlust* vorliegt, ob also der Geschädigte bewusst über die Vermögensstücke zugunsten des Täters verfügen oder ob er den Gewahrsam behalten wollte.[50]

Hieraus ist zu folgern, dass sich das Opfer beim „Sachbetrug" der vermögensbedeutsamen Wirkung seines Verhaltens bewusst sein muss.[51]

Von diesen praktisch unstreitigen Grundsätzen ausgehend, nimmt das OLG Düsseldorf an, dass die Kassiererin durch die Erlaubnis, den Kassenbereich zu verlassen, dem Kunden gestatte, sich des gesamten Inhaltes des Kartons zu bemächtigen.

Sie sei sich daher der vermögensbeeinflussenden Wirkung der so erteilten Erlaubnis durchaus bewusst und habe sich lediglich in einem Irrtum über die tatsächlichen Verhältnisse befunden.[52]

Allerdings ist fraglich, ob man sagen kann, die Kassiererin treffe in einem solchen Fall auch hinsichtlich der unbemerkt „vorbeigeschleusten" Ware eine bewusste Verfügung. Vielmehr fehlt es an einem solchen Willen, wenn die Kassiererin nicht erkennt, dass sich im Karton noch weitere Waren befinden. Erst Recht kann nicht davon die Rede sein, dass ein genereller Verfügungswille des Kassierers in Bezug auf den gesamten Inhalt des Kartons besteht.

Die Annahme eines generellen Verfügungswillens läuft im Ergebnis auf eine Fiktion hinaus.[53]

hemmer-Methode: Der soeben zitierte Fall lag insofern anders, als die vorbeigeschleusten Waren im Einkaufswagen durch eine Zeitung verdeckt waren.
Es ist fraglich, ob der vorliegende Fall deshalb eine unterschiedliche Behandlung rechtfertigt, da die Kassiererin zumindest den Karton sieht. Jedoch kann ihr auch hier kein Verfügungsbewusstsein unterstellt werden, da es ihr arbeitsvertraglich untersagt ist, über andere als die abkassierten Waren zu verfügen.

Realistischer erscheint dagegen folgende Betrachtung: Die Aufgabe der Kassiererin beschränkt sich auf die Abrechnung der ihr vorgezeigten Waren; durch das Eintippen der dazugehörigen Preise in die Kasse werden die Gegenstände individualisiert, auf die sich ihr Übertragungswille bezieht.[54]

Weitergehende Erklärungen kann und will sie schon aufgrund ihrer arbeitsvertraglichen Verpflichtungen nicht abgeben, eine weiterreichende Verantwortung aufgrund der von ihr nur begrenzt durchgeführten Kontrolle deshalb nicht übernehmen.[55]

hemmer-Methode: Ob eine andere Beurteilung geboten ist, wenn der Kassierer den Täter ausdrücklich fragt, ob er sämtliche Waren vorgelegt habe, und dieser die Frage bewusst wahrheitswidrig beantwortet, lässt der BGH ausdrücklich offen.

---

50 BGH, NJW 1995, 3129, 3130 m.w.N. = **juris**byhemmer.

51 Vgl. die Nachweise bei OLG Zweibrücken, NStZ 1995, 448, 449 = **juris**byhemmer.

52 OLG Düsseldorf, NStZ 1993, 287 = **juris**byhemmer; zu dieser Entscheidung Brocker, JuS 94, 919.

53 BGH, NJW 1995, 3129, 3130 m.w.N. = **juris**byhemmer.

54 BGH, NJW 1995, 3129, 3130 = **juris**byhemmer.

55 OLG Zweibrücken, NStZ 1995, 448, 449 = **juris**byhemmer.

Er scheint aber dazu zu tendieren, auch bei einer solchen Konstellation Diebstahl anzunehmen; denn eine solche Frage des Kassierers ändert nichts daran, dass sich der Täter durch dessen Täuschung nur die Gelegenheit zur Wegnahme dadurch verschafft, dass der Kassierer ihn in der irrigen Vorstellung, er habe alle Waren erfasst, die Kassenzone passieren lässt. Geht es dem Täter im Ergebnis aber darum, den Gewahrsam ohne Wissen und damit ohne Einverständnis des Getäuschten aufzuheben, liegt nicht Betrug, sondern Diebstahl vor.

Überdies ist noch Folgendes zu bedenken: Die Unterstellung eines generellen Verfügungswillens des Kassierers und - davon ausgehend - die Annahme von Betrug in diesen Fällen würde im Blick auf den qualifizierten Straftatbestand des räuberischen Diebstahls (§ 252 StGB) zu schwer erträglichen Unterschieden in der Behandlung nach Anschauung des täglichen Lebens gleichgelagerter Sachverhalte führen.[56]

Als Vortat des räuberischen Diebstahls kommt nur (vollendeter) Diebstahl in Betracht, nicht aber Betrug. Die Annahme von Betrug hätte danach zur Folge, dass der Täter, der nach dem Verlassen des Kassenbereichs gegen den ihn verfolgenden Detektiv tätlich wird, um sich den Besitz an der nicht bezahlten Ware zu erhalten, nur wegen Betruges und Nötigung sowie ggf. wegen Körperverletzung verurteilt werden könnte.

Hätte derselbe Täter demgegenüber die Ware bereits vor dem Passieren der Kasse eingesteckt und damit einen vollendeten Diebstahl begangen, so wäre er, wenn er unter den gleichen Voraussetzungen Gewalt anwendet, wegen des Verbrechens des räuberischen Diebstahls zu bestrafen.

Eine solch unterschiedliche Bewertung an sich gleicher Sachverhalte wäre willkürlich und würde dem Schutzzweck des § 252 StGB nicht gerecht.

hemmer-Methode: Die Abgrenzung von Betrug und Diebstahl beim „Einkauf“ in Selbstbedienungsläden ist ein Klassiker.
Nachdem aber der BGH auf Vorlagebeschluss des OLG Zweibrücken, das von der zitierten Entscheidung des OLG Düsseldorf abweichen wollte, ein „Machtwort“ gesprochen hat, lässt sich die Annahme eines Betrugs in der Klausur nur noch sehr schwer und mit erheblichem Begründungsaufwand vertreten. Dabei ist freilich das Argument der Nichtanwendbarkeit des § 252 StGB durchaus nicht so eindeutig, wie es der BGH darstellt. Gerade nach dem Verständnis der Rspr. könnte nämlich in der gewaltsamen Verteidigung einer durch einen Sachbetrug erlangten Sache ein Fall der §§ 253, 255 StGB liegen.

Fraglich ist lediglich noch, ab welchem Zeitpunkt von einem vollendeten Diebstahl ausgegangen werden kann.

Dies ist der Fall, wenn die Ware durch die Kassenzone gebracht wurde und der Zahlungsvorgang abgeschlossen ist. Dann liegt hier Vollendung vor.[57]

2. M hat vorsätzlich, in Zueignungsabsicht, rechtswidrig und schuldhaft gehandelt und sich somit nach § 242 I StGB strafbar gemacht. Das Antragserfordernis des § 248a StGB ist zu beachten.

---

56 BGH, NJW 1995, 3129, 3130 m.w.N. = jurisbyhemmer.

57 Vgl. OLG Köln, NJW 1984, 810 = jurisbyhemmer.

hemmer-Methode: Aufbaumäßig ist es nicht einfach, die Delikte des 1. Tatkomplexes zu ordnen. Hier wurden sie in zeitlicher Reihenfolge geprüft, möglich wäre jedoch auch eine Gruppierung nach den einzelnen Gegenständen bzw. der Schwere des Strafvorwurfs.

XII. Konkurrenzen

Die Urkundenunterdrückung durch Überkleben des alten Preisschilds tritt als notwendige Begleittat hinter § 267 StGB zurück. § 303 StGB wird als notwendige Begleittat von § 274 I Nr. 1 StGB konsumiert.[58] Durch das Gebrauchmachen von der Urkunde an der Kasse (§ 267 StGB) liegt eine Teilidentität der Ausführungshandlungen mit § 263 I StGB vor, wodurch Handlungseinheit hergestellt wird. Der Diebstahl der Backmischung an der Kasse wird zeitgleich mit dem Betrug ausgeführt, so dass hier ebenfalls Handlungseinheit anzunehmen ist.

Was den vorangegangenen Diebstahl an den Pralinen angeht, ist von einer natürlichen Handlungseinheit und damit Tateinheit (§ 52 I StGB) auszugehen, da das Gesamtgeschehen in einem engen räumlichen und zeitlichen Zusammenhang steht und daher bei natürlicher Betrachtungsweise als einheitliches Geschehen zu würdigen ist.

2. Tatkomplex: Die Vorgänge im Sound-Markt

Diebstahl der CDs in einem besonders schweren Fall, §§ 242, 243 I S. 2 Nr. 2 StGB

1. Die CDs waren für M fremde, bewegliche Sachen.

Die Wegnahmehandlung könnte im Einstecken zu sehen sein. Problematisch ist jedoch, ob angesichts des elektromagnetischen Sicherungsetiketts nur ein *versuchter Diebstahl* in Betracht kommt oder mit dem Einstecken in die Manteltasche schon *Vollendung* anzunehmen ist.

Ein Teil der Lit. verneint in diesem Fall Vollendung, denn der Täter könne durch den in jedem Fall ausgelösten Alarm den Gewahrsam nicht ohne Behinderung durch den Berechtigten ausüben. Damit stünden der Herstellung eines tatsächlichen Sachherrschaftsverhältnisses wesentliche Hindernisse entgegen.[59]

Nach a.A.[60] ist dagegen Gewahrsam begründet und die Wegnahme daher vollendet, wenn der Täter die Herrschaft über die Sache derart erlangt hat, dass er sie unbehindert durch den alten Gewahrsamsinhaber ausüben und dieser seinerseits über die Sache nicht mehr verfügen kann, ohne die Verfügungsgewalt des Täters zu beseitigen.

Im Selbstbedienungsladen ist das bereits der Fall, wenn der Täter - jedenfalls bei Sachen geringen Umfangs - die Beute mit Zueignungsabsicht in die Tasche steckt oder sonst verbirgt. Daran ändert auch das Sicherungsetikett nichts. Vielmehr wird es auf das Geschick des Täters, seine kriminelle Energie, das Vorhandensein weiterer Kunden sowie auf sonstige Umstände ankommen, ob einem entschlossenen Täter das Entkommen mit der Beute gelingt.

---

58 SCH-SCH/CRAMER, § 274 Rn. 22.

59 FISCHER, § 242 Rn. 18; SCH-SCH/ESER, § 242 Rn. 40.

60 BayObLG, NJW 1995, 3000 = jurisbyhemmer (JuS 1996, 78); zu dieser Entscheidung KARGL, JuS 96, 971.

Von diesen, im Nachhinein oft gar nicht zu rekonstruierenden Zufälligkeiten kann aber die Frage der Gewahrsamsbegründung nicht abhängen, zumal auch eine nur vorübergehende Sachherrschaft Gewahrsam darstellt.[61]

Anders könnte es zwar liegen, wenn der Kontrollbereich durch zusätzliche Maßnahmen, etwa eine Überwachung durch stets einsatzbereite Hausdetektive, so geschützt ist, dass der Täter von vornherein nicht die geringste Möglichkeit gehabt hätte, mit der Beute zu entkommen. Hierfür ist aber vorliegend nichts ersichtlich.

Dieser Ansicht ist zuzustimmen. Das Sicherungsetikett verhindert in der Tat nur die Beendigung, nicht aber die Vollendung des Diebstahls. Auch insoweit ist daher an der Enklaventheorie festzuhalten.

2. M handelte vorsätzlich und in der Absicht, sich die CDs rechtswidrig zuzueignen.

3. Er handelte auch rechtswidrig und schuldhaft.

4. Fraglich ist noch, ob das Regelbeispiel des § 243 I S. 2 Nr. 2 StGB Anwendung findet.

Die CDs könnten durch das Sicherungsetikett „gegen Wegnahme besonders gesichert“ sein. Jedoch fallen nach ganz überwiegender Ansicht nur solche Schutzvorrichtungen darunter, die nicht erst die Beendigung, sondern bereits die Vollendung der Wegnahme verhindern sollen.[62] Es liegt damit kein Diebstahl in einem besonders schweren Fall vor.

5. M ist wegen Diebstahls nach § 242 I StGB strafbar.

---

[61] BGHSt 16, 271, 273 = **juris**byhemmer.

[62] Lackner/Kühl, § 243 Rn. 16; vgl. auch OLG Düsseldorf, NJW 98, 1002; kritisch Sch-Sch/Eser, § 243 Rn. 24.

Zusammenfassung

Strafbarkeit des M

1. Tatkomplex: Die Vorgänge im Supermarkt

I. § 123 I StGB (-)

II. § 242 I StGB bzgl. Pralinen (+)

III. § 274 I Nr. 1 StGB
Durch Entfernen des Preisetiketts (-), keine Nachteilszufügungsabsicht

IV. § 267 I StGB
Durch Anbringen des billigeren Preises (+)

V. § 274 I Nr. 1 StGB
Durch das Überkleben (+), aber von § 267 I StGB verdrängt

VI. § 303 I StGB (+)
Aber von § 274 I Nr. 1 StGB verdrängt

VII. § 267 I StGB
Durch Verstecken der Backmischung (-)

VIII. § 242 I durch Verstecken im Karton (-)
Zu diesem Zeitpunkt jedenfalls keine Vollendung

IX. § 242 I StGB bzgl. Campari-Flasche (-)

X. § 263 I StGB bzgl. Campari-Flasche (+)

XI. § 242 I StGB bzgl. Backmischung bei Passieren der Kasse (+), Insbesondere nicht § 263 I StGB, da keine Vermögensverfügung der Kassiererin bzgl. der vorbeigeschleusten Ware

XII. Konkurrenzen

2. Tatkomplex: Die Vorgänge im Sound-Markt

§ 242 I StGB (+); auch bei elektronischer Sicherung der Ware grds. vollendeter Diebstahl

Kein § 243 I S. 2 Nr. 2 StGB, da Sicherungsetikett nicht Vollendung des Diebstahls verhindert

Fall 3

Sachverhalt:

Die Prostituierte Babsi Billig (B) hatte sich, nachdem sie des jahrelangen Anschaffens überdrüssig geworden war, einen seriösen Halbtagsjob gesucht und zur Freizeitgestaltung der Gruppe „Militant für den Frieden" angeschlossen. Nun verbrachte sie ihre Freizeit kurzweilig auf Friedensdemonstrationen, Podiumsdiskussionen und vor Kasernentoren.

Am 2.11. nahm B im Rahmen einer Aktionswoche an einer Blockade in der Nähe einer Bundeswehrkaserne teil. Um ihren Forderungen mehr Nachdruck zu verleihen, hatten sich die Teilnehmer mit ihren Fahrzeugen auf die Straße gestellt, um den Durchgang für einen Tag zu versperren. Die Polizei hatte jedoch schnell reagiert und die Autofahrer schon mehrere hundert Meter vor der Blockade mittels einer Straßensperre angehalten und umgeleitet. Nach einer Stunde zogen die Teilnehmer enttäuscht wieder ab.

Als sich B und ihre Gesinnungsgenossen am 5.11. auf der Anfahrt mit einem Reisebus zu einer bereits im Vorfeld verbotenen Demonstration befanden, wurden sie auf einer Raststätte frühzeitig von der Polizei gestoppt; die Personalien wurden aufgenommen. Aus Protest gegen diese Behandlung und gegen das Verbot der Veranstaltung verteilten sich alle Insassen des Reisebusses auf den Fahrbahnen der Autobahn und versperrten einer Vielzahl von Autofahrern den Weg. B wusste, dass sie durch ihr Verhalten Menschenleben und Fahrzeuge gefährden konnte. B und die übrigen Teilnehmer wurden schließlich von der Straße entfernt, nachdem sie bereits einen kilometerlangen Stau verursacht hatten.

Der sensationslüsterne Journalist Jürgen Jeck (J) hatte all diese Veranstaltungen mit regem Interesse verfolgt und schrieb einen Artikel für die Wochenendausgabe des „Main-Kurier". Er berichtete über Aktionsfeld und Zusammensetzung der Gruppe „Militant für den Frieden". Er ging dabei auch auf die „Aktionswoche" ein und äußerte sich folgendermaßen: „Am 5.11. wurde die genannte Gruppe von der Polizei auf dem Weg zu einer Demonstration gestoppt. Nachdem sie eine Sitzblockade auf der Autobahn veranstaltet hatte, wurde sie mittels eines Schlagstockeinsatzes von der Polizei gefügig gemacht, um erst gar keine Gegenwehr aufkommen zu lassen. Dann trug die Polizei die vor Schmerzen jaulenden Teilnehmer von der Fahrbahn. Die nachfolgende Aufnahme der Personalien zog sich über Stunden hin, ohne dass die Betroffenen den Einsatzbus verlassen durften. An der Effizienz der Polizei dürften nach diesem gelungenen Einsatz keine Zweifel mehr verbleiben!" Was die Zusammensetzung der Gruppe betrifft, berichtete J: „...Der Mitgliederkreis hat sich in den letzten Jahren stark vergrößert. Mittlerweile wollen Szenekenner unter den weiblichen Mitgliedern schon ein ehemaliges Callgirl gesichtet haben, das nun offenbar nicht mehr Karriere auf der Straße, sondern in politischen Kreisen zu machen versucht..."

Als der den Einsatz leitende Polizeioberwachtmeister und seine Kollegen den Bericht in der Zeitung lesen, sind sie über diese „Lügengeschichten" empört. Auch B und ihre weiblichen Mitstreiter halten den Bericht für eine „Unverschämtheit".

Bearbeitervermerk:

Prüfen Sie die Strafbarkeit von B und J nach dem StGB. Es ist davon auszugehen, dass die erforderlichen Strafanträge gestellt wurden.

Lösung:

A. Strafbarkeit der B

1. Tatkomplex: Blockade am 2.11.

I. Nötigung, § 240 I StGB

1. Das Blockieren von Straßen mit Fahrzeugen, um andere Verkehrsteilnehmer aufzuhalten, beinhaltet regelmäßig körperlich wirkenden Zwang, da die Autofahrer Fahrzeuge als Hindernis, selbst wenn sie wollten, nicht überwinden können. Die Zwangseinwirkung ist hier insbesondere auch nicht bloß psychischer Natur, so dass trotz der einschränkenden Auslegung des Gewaltbegriffs bei Straßenblockaden durch das BVerfG[63] von der Verwirklichung der Gewaltalternative auszugehen ist.

Fraglich ist jedoch, ob die Nötigung vorliegend vollendet war. B hat die Nötigungshandlung (Blockieren der Straße) gemeinsam mit den anderen Beteiligten ausgeführt. Auch zum Nötigungserfolg (keine Durchfahrt auf dieser Straße für andere Verkehrsteilnehmer möglich) ist es gekommen.

hemmer-Methode: Zu beachten ist, dass zur Willensentschließungsfreiheit auch die freie Wahl des Wegs gehört. Kurz erwähnt werden kann, dass das Verhalten von B sowie den weiteren Teilnehmern gem. § 25 II StGB wechselseitig zuzurechnen ist.

Jedoch hielten die anderen Autofahrer nicht unter dem unmittelbaren Zwang an, dass vor ihnen Demonstranten sich weigerten, die Fahrbahn zu verlassen.

Vielmehr wurden sie durch die Weisung der Polizei am Weiterfahren gehindert.

Folgt man den allgemeinen Kausalltätsregeln, könnte man an eine Unterbrechung des Kausalverlaufs durch das Dazwischentreten der Polizei denken. Eine solche kommt jedoch dann nicht in Frage, wenn die früher gesetzte Bedingung bis zum Eintritt des Erfolges fortwirkt.[64]

Ein solcher Fortwirkungszusammenhang ist hier gegeben. Denn ohne die Blockade wäre die Polizei nicht tätig geworden, um die Autofahrer anzuhalten bzw. umzuleiten. Auch eine Unterbrechung des Zurechnungszusammenhangs scheidet aus. Denn das Tätigwerden der Polizei liegt keineswegs außerhalb der allgemeinen Lebenserfahrung in einer solchen Situation.[65]

Eine Ansicht[66] verlangt jedoch einen spezifischen Zusammenhang zwischen Nötigungshandlung und Nötigungserfolg. Das Nötigungsopfer müsse von der ausgeübten Gewalt erreicht worden sein, sie als solche empfinden und sich ihr bewusst beugen. Eine mittelbare Gewalteinwirkung reiche nicht aus. Das ergebe sich aus dem Wortlaut des § 240 I StGB („mit Gewalt nötigt“).

---

63 BVerfG, NStZ 1995, 276 = **juris**byhemmer.

64 Vgl. WESSELS/BEULKE, AT, Rn. 164.

65 So i.E. OLG Stuttgart, MDR 1986, 602 = **juris**byhemmer.

66 BayObLG, NJW 90, 59 = **juris**byhemmer; anders die wohl h.M., vgl. SCH-SCH/ESER § 240 Rn. 14a m.w.N.

Außerdem könne man die Polizei nicht als „verlängerten Arm“ der Blockierer ansehen.

Diese Auffassung begegnet aber durchgreifenden Bedenken. Zwar mag es begrüßenswert sein, auf diesem Wege neben der Berücksichtigung der Fernziele beim Strafmaß zu einer weiteren Erleichterung für die Täter zu finden. Jedoch kann es keinen Unterschied machen, ob die blockierten Verkehrsteilnehmer unmittelbar von den Demonstranten oder ein paar hundert Meter vorher von der Polizei angehalten werden. Zwar erscheint es auf den ersten Blick möglicherweise sinnwidrig, gerade das polizeiliche Handeln den Blockierern zuzurechnen. Jedoch zeigt das gerade, dass der Nötigende, der sein Ziel über den Umweg des polizeilichen Eingreifens erreicht, ebenso vollendet tatbestandsmäßig i.S.d. § 240 StGB handelt wie der, dessen Blockade unmittelbar wirkt. Maßgebliches Korrektiv zur Ausscheidung atypischer Kausalverläufe muss die allgemeine Regel über die Unterbrechung des Zurechnungszusammenhanges bleiben.

hemmer-Methode: An dieser Stelle ist mit dem BayObLG eine andere Ansicht selbstverständlich vertretbar. Konsequenterweise muss dann die Versuchsstrafbarkeit bejaht werden.

2. B handelte vorsätzlich. Insbesondere stellt sich das Dazwischentreten der Polizei auch subjektiv als unerhebliche Abweichung vom Kausalverlauf dar, die vom Vorsatz der B noch gedeckt ist.

3. Zu untersuchen ist, ob die Nötigung auch rechtswidrig ist.

a) §§ 34, 193 StGB kommen als Rechtfertigungsgründe nicht in Betracht.

Auch aus den Grundrechten der Meinungs- und Versammlungsfreiheit (Art. 5, 8 GG) lässt sich keine Rechtfertigung der B herleiten.

Denn ihr Verhalten ging über das hinaus, was notwendig war, um von diesen Grundrechten Gebrauch zu machen. Das Grundrecht der Meinungs- wie der Versammlungsfreiheit berechtigt nicht dazu, anderen seine Meinung mittels Gewalt „aufzuzwingen“, insbesondere wenn damit ein erheblicher Eingriff (hier: intendierte Straßensperre von einem Tag) verbunden ist.

hemmer-Methode: Grundsätzlich sollten bei der Prüfung der Rechtswidrigkeit der Nötigung zuerst Rechtfertigungsgründe angesprochen werden. Liegen solche vor, ist die Rechtswidrigkeit ausgeschlossen, ohne dass es einer Abwägung gem. § 240 II StGB bedarf.

b) Bei § 240 StGB (wie auch bei § 253 StGB) handelt es sich um einen sog. offenen Tatbestand, d.h. die Rechtswidrigkeit der Tat ist positiv festzustellen, § 240 II StGB. Die Verwerflichkeit der Nötigung kann sich aus ihrem Zweck, dem eingesetzten Mittel oder der Relation von beiden ergeben. Da Zweck und Mittel im vorliegenden Fall an sich nicht zu beanstanden sind, kann das Rechtswidrigkeitsurteil nur auf ihrem Verhältnis zueinander beruhen.

Erforderlich ist dabei eine am Einzelfall orientierte Abwägung aller Umstände.

Umstritten hierbei ist, welche Ziele des Nötigenden Berücksichtigung finden. Primäres Ziel ist zunächst die Einschränkung der Bewegungsfreiheit von Verkehrsteilnehmern. Hintergrund hierfür ist die Intention, nach Möglichkeit die Aufmerksamkeit der Öffentlichkeit, speziell der Massenmedien, für politische Zwecke zu erregen.

„Fernziele" des Täters sind im Rahmen des § 240 II StGB nicht per se unbeachtlich. Andernfalls würde der Schutzbereich von Art. 8 GG verkannt, wonach Versammlungen bei der öffentlichen Meinungskundgabe grundsätzlich legitime Mittel darstellen. Richtigerweise müssen bei der insoweit erforderlichen Abwägung Dauer und Intensität der Willens- und Fortbewegungsbeeinträchtigung des Genötigten eine Rolle spielen.

Im Rahmen einer „Demonstration" muss es als sozialadäquat angesehen werden, dass es zu Verkehrsbehinderungen kommt (dies schon im Hinblick auf Art. 5 I, 8 I GG). Kurzen Blockaden kommt daher mehr ein Kundgabedenn ein Nötigungscharakter zu. Daraus resultierende Beeinträchtigungen der Fortbewegungsfreiheit sind folglich hinzunehmen.[67]

Vorliegend dauerte die Blockade jedoch eine Stunde und fand nicht lediglich durch die körperliche Anwesenheit der Demonstranten, sondern unter Zuhilfenahme von Fahrzeugen statt.

Setzt man diese Folge der Nötigung in Relation zu der von B ausgeübten Gewalt, kann das Handeln der B nicht gebilligt werden. Folglich ist die Tat rechtswidrig im Sinne von § 240 II StGB.

4. B handelte auch schuldhaft und ist daher nach § 240 StGB zu bestrafen.

Bei der Frage, welche Strafe verhängt werden soll, kommt es auf die persönliche Schuld, namentlich auch auf die Beweggründe und Ziele des Täters an, § 46 I, II StGB.

Da diese keine eigennützige Natur haben, sondern vielmehr - wenn auch möglicherweise falsch aufgefasster - staatsbürgerlicher Verantwortung entspringen, können sie strafmildernd berücksichtigt werden.

hemmer-Methode: In aller Regel ist im ersten Examen auf die Strafzumessung (oder gar ein konkretes Strafmaß!) nicht einzugehen, wenn es nicht ausdrücklich verlangt ist. Da die Rspr. jedoch hier die Lösung eines zentralen Problems in den Bereich der Strafzumessung verlagert, kann dazu kurz Stellung genommen werden.

II. Landfriedensbruch, § 125 I Nr. 1 StGB

1. Zunächst müsste die Blockade aus einer „Menschenmenge" heraus erfolgt sein. Nach dem Sinn des § 125 StGB ist dies eine nicht mehr auf den ersten Blick überschaubare Anzahl von Menschen, bei der es auf den einen oder anderen Hinzukommenden oder Weggehenden nicht ankommt. Bereits an dieser Stelle ist im Rahmen einer Einzelfallwertung zu ermitteln, ob gerade aus dem Zusammensein Mehrerer eine spezifische Gefahrenlage resultiert. Es ist daher schon äußerst fraglich, ob die Teilnehmer der Blockade eine Menschenmenge i.S. dieser Norm darstellen.

Des Weiteren müssen Gewalttätigkeiten aus der Menschenmenge heraus begangen werden. Ursprünglich verstand man darunter Gewalt i.S.d. § 240 I StGB. Diese Gleichstellung ist heute nicht mehr zu rechtfertigen.

67 Vgl. BVerfG, Beschluss vom 07.03.2011 – 1 BvR 388/05 = Life&Law 06/2011, 443 ff.

Denn während der allgemeine Gewaltbegriff auf alle möglichen Methoden fremder Willensbeugung abstellt, muss unter „Gewalttätigkeit" aggressives, gegen die körperliche Unversehrtheit von Menschen oder fremde Sachen gerichtetes aktives Tun unter Einsatz physischer Kraft verstanden werden.[68]

2. B hat daher keinen Landfriedensbruch begangen.

hemmer-Methode: Selbstverständlich müssen Sie keine Details zu § 125 StGB kennen; ein kurzes Anprüfen des Tatbestandes schadet jedoch vorliegend sicherlich nicht.
Denken Sie grundsätzlich auch daran, dass sich Strafvorschriften nicht nur im StGB finden lassen. Enthält der Bearbeitervermerk keine Einschränkung, so kann in der Klausur auch einmal Nebenstrafrecht anzuprüfen sein. Gerade bei Demonstrationen und Sitzblockaden müssen Sie daher auch z.B. an das VersammlG (bzw. entsprechende Landesgesetze) denken.

2. Tatkomplex: Straßenblockade am 5.11.

I. Nötigung, § 240 I StGB

1. Wiederum kommt eine Nötigung durch die Ausübung von Gewalt in Betracht. Durch die Sitzblockade könnte B gegenüber den Fahrzeugen eine Nötigung mittels Gewalt begangen haben.

An dieser Stelle muss auf den Gewaltbegriff näher eingegangen werden. Verlangte das Reichsgericht zunächst die Anwendung körperlicher Kraft zur Überwindung eines geleisteten oder erwarteten Widerstandes,[69] so wurde das Erfordernis der Kraftentfaltung bald wieder aufgegeben.

Später wertete der BGH als entscheidendes Moment die beim Opfer auftretende körperliche Zwangswirkung.[70] Dieses Merkmal wurde jedoch dadurch „aufgeweicht", dass auch die psychosomatischen Wirkungen einer geäußerten Drohung, wie etwa die Nervenerregung beim Opfer, unter den Gewaltbegriff subsumiert wurden.[71] Logische Konsequenz dieser Entwicklung war schließlich das „Laepple-Urteil", bei dem ein Sitzstreik auf Straßenbahnschienen als Gewalt i.S.d. § 240 StGB angesehen wurde. Hierbei wurde zur Begründung nicht auf die Nervenerregung des Straßenbahnfahrers zurückgegriffen, für ausreichend hielt der BGH auch den psychisch wirkenden Zwang, sofern er *von einigem Gewicht* war.[72] Dieser sog. *entmaterialisierte Gewaltbegriff*, der auch auf das Erfordernis der körperlichen Einwirkung auf das Opfer verzichtete, wurde vom BVerfG lange Zeit gebilligt.[73]

Gewalt war danach „...körperlich oder psychisch wirkender Zwang durch ein Verhalten, das als gegenwärtige Übelszufügung nach seiner Zielrichtung, Intensität und Wirkungsweise bestimmt und geeignet ist, die Freiheit der Willensentschließung oder -betätigung zu beeinträchtigen."

An dieser Auffassung wurde jedoch kritisiert, der Gewaltbegriff habe sich zu einem „Sammelbecken für alle Zwangsformen außerhalb der Drohungsalternative" entwickelt.[74]

---

68 Sch-Sch/Lenckner, § 125 Rn. 5.

69 RGSt 56, 88.

70 BGHSt 1, 145.

71 BGHSt 19, 263; 23, 126; z.B. Bedrohung des Opfers mit einer Schusswaffe, dichtes Auffahren auf der Autobahn.

72 Vgl. BGHSt 23, 46 = **juris**byhemmer.

73 BVerfGE 73, 206 = **juris**byhemmer.

74 Wessels/Hettinger, BT-1, Rn. 384.

Insbesondere sei eine solche Auslegung vom Wortsinn des § 240 StGB nicht mehr gedeckt und verstoße damit gegen die Garantie des Art. 103 II GG. Ein solchermaßen weit aufgefasster § 240 StGB genüge dem Bestimmtheitsgrundsatz nicht mehr.

Das BVerfG sah sich in der Folge dazu veranlasst, dieser Entwicklung in der Rechtsprechung entgegenzusteuern.

Es hatte zu beurteilen, ob der für die Strafbarkeit von Sitzdemonstranten aus § 240 I StGB zugrunde gelegte Gewaltbegriff gegen das Bestimmtheitsgebot des Art. 103 II GG verstößt.

Hierbei geht das BVerfG davon aus, dass zumindest die Fälle, in denen das Verhalten des Täters allein durch seine körperliche Anwesenheit an einer Stelle, die ein anderer annehmen oder passieren möchte, gekennzeichnet ist, nicht unter den Gewaltbegriff subsumiert werden können, sofern das Opfer nur psychisch gehemmt ist, seinen Willen durchzusetzen.[75] Hierbei brachten die Richter in ihrem umstrittenen (5:3 Stimmen-)Urteil zum Ausdruck, dass der gleichzeitige Verzicht auf eine gewisse körperliche Kraftentfaltung (auf Täterseite) und eine körperliche Zwangswirkung (auf Opferseite) den Gewaltbegriff ausufern lässt, und beauftragten die Strafgerichte, eine mit Art 103 II GG vereinbare Auslegung des Gewaltbegriffes vorzunehmen.

Die erweiternde Auslegung des Gewaltbegriffs in § 240 I StGB im Zusammenhang mit Sitzblockaden verstößt danach gegen Art. 103 II GG.

Der BGH sieht jedoch bei Sitzblockaden, die auf der Autobahn vorgenommen werden, unverändert den § 240 I StGB als verwirklicht an.

Er greift hierbei die weit gesteckten Vorgaben des BVerfG auf und nimmt eine Eingrenzung nur hinsichtlich der psychischen Zwangswirkung vor, während er den Verzicht auf die körperliche Kraftentfaltung als sinnvoll einstuft.[76]

Da außerdem durch die ersten Fahrzeuge für die hinteren Fahrzeuge eine tatsächlich nicht zu überwindende Barriere geschaffen werde, könne insoweit auch körperlich wirkender Zwang angenommen werden, so dass zumindest für diesen Fall eine Strafbarkeit wegen Nötigung nach wie vor in Betracht komme.

Der BGH sieht in dieser Entscheidung keine Abkehr vom Beschluss des BVerfG; dieser habe lediglich dann praktische Auswirkungen, wenn aufgrund der geringen Zahl der blockierten Fahrzeuge nur eine psychische Zwangswirkung hervorgerufen würde.

Bilde sich jedoch eine „Autoschlange“, sei den Demonstranten die physische Zwangswirkung der zuerst angehaltenen Fahrzeuge auf die Nachfolgenden zuzurechnen.

Dem ist zuzustimmen. Eine entsprechende Zurechnung ergibt sich über die Rechtsfigur der mittelbaren Täterschaft gem. § 25 I Alt. 2 StGB. Voraussetzung für eine solche Zurechnung des Handelns eines anderen ist, dass dieser keine volle Tatherrschaft innehat und dass der Hintermann das Geschehen steuernd in den Händen hält. Dies kann in Fällen wie dem Vorliegenden angenommen werden. Denn der erste Fahrzeugführer hatte psychisch keine andere Möglichkeit, als sein Fahrzeug zu stoppen.

---

75 Vgl. BVerfG, NStZ 1995, 276. = jurisbyhemmer; zum Gewaltbegriff des BVerfG auch Arnold, JuS 1997, 289 und Herzberg, JuS 1997, 1067.

76 Vgl. BGH, NStZ 1995, 542; beachte auch BGH, NJW 1998, 2149. Alle Entscheidungen = jurisbyhemmer zur Nötigung bei Castor-Transporten.

Insoweit musste er den Angriff auf seine Willensfreiheit hinnehmen, da Notwehr- oder Notstandsrechte – etwa durch das Überfahren der vor ihm sitzenden Personen – aufgrund von Unverhältnismäßigkeit evident ausscheiden. Aufgrund dieser psychischen Zwangswirkung hatte der erste Fahrzeugführer keine eigene Tatherrschaft über den Geschehensablauf.

B sowie ihre Gesinnungsgenossen haben auch die psychische Zwangslage des ersten Fahrzeugführers bewusst ausgenutzt und damit das Geschehen gesteuert, so dass ihnen die physische Hürde aufgrund des ersten Fahrzeugs in der jeweiligen Reihe zurechenbar ist.

hemmer-Methode: Die hier dargestellte Konstruktion über die mittelbare Täterschaft überzeugt und wurde so auch vom BVerfG gebilligt.[77]

B hat somit im vorliegenden Fall Gewalt i.S.d. § 240 I StGB verübt und mit diesem Mittel das erstrebte Nötigungsziel erreicht.

2. B handelte auch vorsätzlich.

3. Rechtfertigungsgründe sind nicht ersichtlich (vgl. oben). Daher muss die Verwerflichkeit der Nötigung gem. § 240 II StGB positiv festgestellt werden. Nötigungserfolg war die Verursachung einer kilometerlangen Autoschlange, Nötigungsmittel die Sitzblockade. Fernziele wie der Ausdruck des Protestes gegen die Behandlung vor Ort und des Unmuts über das Verbot der geplanten Veranstaltung sind bei der Abwägung nicht per se unbeachtlich (siehe oben).

Der Eingriff in den Straßenverkehr war auch nicht nur geringfügig und auch keine bloße Nebenfolge einer Demonstration, sondern gezielt beabsichtigt, so dass die Anwendung von Gewalt im Verhältnis zum Nötigungserfolg nicht als sozialadäquat, sondern als verwerflich bezeichnet werden muss. B handelte somit rechtswidrig im Sinne von § 240 II StGB.

4. B handelte auch schuldhaft und ist daher wegen Nötigung zu bestrafen.

II. Gefährlicher Eingriff in den Straßenverkehr, § 315b I Nr. 2 StGB

1. Durch die Sitzblockade auf der Autobahn könnte B einen gefährlichen Eingriff in den Straßenverkehr vorgenommen haben. Durch das Sitzen auf der Autobahn hat B die Sicherheit des Straßenverkehrs dadurch gefährdet, dass sie ein Hindernis bereitete (Nr. 2). Hierdurch müsste eine konkrete Gefahr für Leib oder Leben eines anderen oder eine fremde Sache von bedeutendem Wert verursacht worden sein. Die abstrakte Gefährlichkeit des Vorgehens der B ist insofern nicht ausreichend. Vorliegend fehlen Anhaltspunkte dafür, dass aufgrund der Sitzblockade es beinahe zu einem Unfall kam. Eine konkrete Gefahrenlage im Sinne von § 315b I StGB kann somit nicht angenommen werden.

2. B ist nicht aufgrund ihres Verhaltens wegen eines gefährlichen Eingriffs in den Straßenverkehr strafbar.

hemmer-Methode: Der BGH ist im vorliegenden Fall auf § 315b StGB nicht eingegangen. Angesichts der großen Gefahr, die eine Sitzblockade auf der Autobahn für den Verkehr und für die Demonstrationsteilnehmer bedeutet, erscheint die Diskussion des § 315b StGB jedoch naheliegend.

[77] Vgl. BVerfG, Beschluss vom 07.03.2011 – 1 BvR 388/05 = Life&Law 06/2011, 443 ff.

III. Versuchter gefährlicher Eingriff in den Straßenverkehr, §§ 315b I, II, 22, 23 I StGB

1. Der Tatbestand des § 315b StGB ist nicht erfüllt. Der Versuch ist gem. § 315b II StGB strafbar.

2. B wusste, dass sie durch ihr Verhalten Menschenleben und Fahrzeuge gefährden konnte, und angesichts der Tatsache, dass es sich um das Besetzen einer Autobahn handelte, ist davon auszugehen, dass sie dies auch in Kauf nahm, da eine solche Gefährdung sehr nahe lag.

Daher ist von dolus eventualis auszugehen.

3. Durch das Besetzen der Autobahn hat die B auch nach ihrer Vorstellung von der Tat zur Verwirklichung des Tatbestands unmittelbar angesetzt, da auf einer Autobahn ohne wesentliche Zwischenakte von einem Moment auf den anderen mit einem heranbrausenden Fahrzeug zu rechnen ist.[78]

hemmer-Methode: Im Hinblick auf fehlende nähere Angaben im Sachverhalt zur konkreten Vorgehensweise von B und deren Gesinnungsgenossen kann auch ein entsprechender Gefährdungsvorsatz verneint werden.

4. B hat sich damit aufgrund ihres Verhaltens nach §§ 315b I, 22, 23 I StGB strafbar gemacht.

IV. Landfriedensbruch, § 125 I Nr. 1 StGB

Mangels Gewalttätigkeiten aus einer Menschenmenge liegt kein Landfriedensbruch vor.

[78] So auch HRUSCHKA, NJW 1996, 160, 163.

B. Strafbarkeit des J

I. Verleumdung, § 187 StGB

1. J könnte die Polizei als Institution verleumdet haben.

Beleidigungsfähig sind neben Einzelpersonen auch *Personengemeinschaften*. Diesen kommt dann Ehrschutz zu, wenn sie eine rechtlich anerkannte soziale Funktion erfüllen und einen einheitlichen Willen bilden können.[79] Ersteres trifft für die Polizei ohne weiteres zu.

Fraglich ist aber die Organisationsstruktur der Polizei, insbesondere, ob es einen einheitlichen Träger politischer oder verwaltungsmäßiger Verantwortung gibt. Da die Polizei aus einer Vielzahl von Einrichtungen in Bund und Ländern besteht, besitzt sie keinen einheitlichen Träger. Die Polizei als Institution genießt damit keinen Ehrschutz.[80]

Allerdings ist zu beachten, dass sich die Äußerungen des J auf einen konkreten Anlass bezogen, so dass die für den Einsatz zuständige Polizeibehörde individualisiert werden kann. Daher liegt insoweit eine Verleumdung der konkret betroffenen Polizeibehörde vor.

hemmer-Methode: § 194 I StGB bezieht sich nicht nur auf die Beleidigung i.S.v. § 185 StGB, sondern erfasst alle Beleidigungstatbestände des 14. Abschnitts.[81]

2. J könnte auch alle am Einsatz beteiligten Polizisten verleumdet haben.

[79] WESSELS/HETTINGER, BT-1, Rn. 468.

[80] So auch BayObLG, NJW 90, 1742.
= **juris**byhemmer.

[81] Vgl. Fischer, § 194 Rn. 2.

Zwar wurde hier kein Polizist bezeichnet, jedoch kommt die Verleumdung von *Einzelpersonen unter einer Kollektivbezeichnung* in Betracht. Ein solcher Fall ist gegeben, wenn der Personenkreis derart klar umgrenzt ist, dass er deutlich aus der Allgemeinheit hervortritt.[82]

Bei der pauschalen Nennung der „Polizei" ist dies nicht der Fall, jedoch muss auch hier wiederum beachtet werden, dass aufgrund des konkreten Anlasses die zuständige Polizei am Ort des Geschehens ermittelt werden kann.

Diese Einsatztruppe ist auch zahlenmäßig überschaubar und tritt somit deutlich aus der Allgemeinheit hervor. Fraglich ist weiterhin, ob der erforderliche Individualbezug gegeben ist. Dabei muss durch Auslegung ermittelt werden, ob mit der Nennung der Polizei zugleich die Beamten betroffen werden sollten. Dies lässt sich hier nicht abschließend feststellen, kann aber mit Rücksicht auf die drastischen Beschreibungen, die jeglicher Tatsachengrundlage entbehrten, angenommen werden (a.A. vertretbar). Jeder am Einsatz beteiligte Polizist könnte daher selbständig einen Strafantrag wegen Verleumdung stellen.

hemmer-Methode: Die Beleidigung von Personenmehrheiten sowie von Einzelpersonen unter einer Kollektivbezeichnung waren zentrale Problemkreise in den umstrittenen Soldaten-Urteilen des BVerfG.[83]

3. Die Polizei und die zuständigen Beamten müssten verleumdet worden sein.

Kennzeichnend für die Verleumdung ist die wissentliche Kundgabe unwahrer, ehrenrühriger Tatsachen gegenüber Dritten. Der Bericht über den Schlagstockeinsatz und über die stundenlange Personalienaufnahme war in den wesentlichen Punkten frei erfunden und beruhte damit auf unwahren Tatsachen. Diese waren auch ehrenrührig, da sie geeignet waren, die betreffende Polizei und ihre Beamten in der öffentlichen Meinung herabzuwürdigen, so dass das Vertrauen in die Tätigkeit der Polizei erschüttert wurde. Auch fand eine Kundgabe gegenüber Dritten statt.

hemmer-Methode: Vergegenwärtigen Sie sich das System der Beleidigungstatbestände: Die Beleidigung (§ 185 StGB) erfasst die Kundgabe von ehrenrührigen Tatsachen und Werturteilen gegenüber dem Betroffenen sowie von ehrenrührigen Werturteilen gegenüber Dritten. Die üble Nachrede (§ 186 StGB) und die Verleumdung (§ 187 StGB) erfassen nur die Kundgabe von ehrenrührigen Tatsachen gegenüber Dritten. Bei gleichzeitiger Kundgabe von ehrenrührigen Tatsachen gegenüber dem Betroffenen ist daher Tateinheit möglich.[84]
§ 186 StGB und § 187 StGB schließlich unterscheiden sich in objektiver Hinsicht dahingehend, dass nur § 187 StGB eine objektiv unwahre Tatsache voraussetzt. In subjektiver Hinsicht muss der Täter bei § 187 StGB wider besseres Wissen handeln, während bei § 186 StGB die Nichterweislichkeit der ehrenrührigen Behauptung nicht vom Vorsatz des Täters umfasst sein muss. Es handelt sich nicht um ein Merkmal des objektiven Tatbestandes, sondern um eine objektive Bedingung der Strafbarkeit.

---

82 WESSELS/HETTINGER, BT-1, Rn. 473.

83 BVerfG, NJW 1994, 2943 und NJW 1995, 3303 = **juris**byhemmer.

84 Vgl. SCH-SCH/LENCKNER, § 186 Rn. 21.

Der Täter wird auch dann grundsätzlich aus § 186 StGB bestraft, wenn er die verbreitete Tatsache für wahr gehalten hat. Ein solcher Irrtum geht zu seinen Lasten.

Damit liegt der objektive Tatbestand der Verleumdung vor.

4. J hatte die Tatsachen wissentlich und willentlich entstellt und war sich auch der Ehrenrührigkeit seiner Behauptungen bewusst, so dass er vorsätzlich handelte.

5. Im Bereich der Ehrdelikte kann eine Rechtfertigung durch § 193 StGB stattfinden, dessen Hauptanwendungsfall die Wahrnehmung berechtigter Interessen ist.[85]

Es kommt hierbei in der Regel zu einer Abwägung der Meinungs- bzw. Pressefreiheit (Art. 5 I GG) mit dem Recht auf Ehre, wobei im Sinne der Wechselwirkungslehre des BVerfG festgestellt werden muss, welchem Recht im konkreten Fall der Vorrang gebührt.[86] Art. 5 I GG findet seine Grenzen nämlich in den allgemeinen Gesetzen, dem Jugend- und dem Ehrschutz (Art. 5 II GG). Ein Journalist kann sich bei Äußerungen durch die Presse auf seine Meinungs- bzw. Pressefreiheit berufen; diese soll gerade seine Berufsausübung sichern. Dem Schutz des Art. 5 I GG unterfällt jedoch nicht eine bewusst wahrheitswidrige Berichterstattung.

Das BVerfG fordert in diesem Zusammenhang die subjektive Wahrhaftigkeit des Geäußerten bzw. Publizierten; die Überzeugung des Äußernden soll wiedergegeben werden. Bewusste Entstellungen der Wahrheit genießen demnach keinen Schutz.[87]

Somit scheidet im Rahmen der Verleumdung nach h.M. eine Rechtfertigung nach § 193 StGB in der Regel aus.[88]

Während im Rahmen der üblen Nachrede (§ 186 StGB) dem Berichterstatter, falls dieser seinen Informationspflichten genüge getan und nicht leichtfertig Behauptungen aufgestellt hat, noch eine Art „erlaubtes Risiko" für den Fall der Nichterweislichkeit der berichteten Tatsache zugebilligt wird[89], ist dafür bei der Verleumdung kein Platz. Da hier die Wahrheit bewusst entstellt wird, kann kein berechtigtes Interesse geltend gemacht werden.

hemmer-Methode: Ein berechtigtes Interesse nimmt z.B. der Journalist nicht wahr, der beleidigende Berichte veröffentlicht, die lediglich die Freude am Klatsch und an der Sensationsgier befriedigen sollen[90], denn nur ein berechtigtes Informationsinteresse der Öffentlichkeit vermag rechtfertigend zu wirken.

Da J unter keinem Gesichtspunkt ein berechtigtes Interesse für seinen Zeitungsbericht geltend machen kann, ist er nicht gerechtfertigt und handelte damit rechtswidrig.

6. J handelte schuldhaft.

7. J ist aufgrund seines Verhaltens wegen Verleumdung strafbar. Die erforderlichen Strafanträge wurden gestellt.

II. Beleidigung der Polizeibeamten, § 185 StGB

1. Daneben kommt noch eine Beleidigung der betroffenen Polizeibeamten in Betracht.

---

85 Siehe dazu Life&Law 2004, 406 ff.

86 SCH-SCH/LENCKNER, § 193 Rn. 8.

87 PIEROTH/SCHLINK, Grundrechte, Rn. 631; BGH, NStZ 92, 535.

88 FISCHER, § 193 Rn. 3.

89 SCH-SCH/LENCKNER, § 193 Rn. 8.

90 SCH-SCH/LENCKNER, § 193 Rn. 9.

Beleidigung ist die Kundgabe der Miss- oder Nichtachtung gegenüber dem Betroffenen.

Der Bericht in der Zeitung enthielt unwahre, ehrenrührige Tatsachen, die geeignet waren, die Betroffenen in der Öffentlichkeit verächtlich zu machen.

Die Kundgabe müsste gerade den Betroffenen gegenüber stattgefunden haben, da bei der Kundgabe gegenüber Dritten die §§ 186, 187 StGB spezieller sind. Zwar könnte man vertreten, dass der Bericht auch von den Polizeibeamten in der Zeitung gelesen wird, also auch diesen gegenüber kundgegeben wird. Jedoch ist der Bericht an die Öffentlichkeit gerichtet und erfolgt somit gerade nicht unmittelbar gegenüber den Betroffenen. Daher liegt keine Kundgabe gegenüber den betroffenen Polizeibeamten vor.

2. Eine Beleidigung der Polizeibeamten scheidet insoweit aus.

III. Beleidigung der weiblichen Gruppenmitglieder, § 185 StGB

1. J könnte die weiblichen Mitglieder der Gruppe beleidigt haben, indem er eines von ihnen als ehemaliges Callgirl bezeichnete, das nunmehr nicht auf der Straße, sondern in politischen Kreisen Karriere zu machen beabsichtigt. In Betracht kommt mangels namentlicher Individualisierung der B wiederum eine Beleidigung unter einer Kollektivbezeichnung, diesmal jedoch in der Form, dass der Täter nur ein bestimmtes Mitglied meint, jedoch offen lässt, wer konkret gemeint ist, so dass jeder betroffen sein kann.

In diesem Fall muss der angesprochene Personenkreis deutlich und hinreichend bestimmbar sein. Ist dies der Fall, sind alle Gruppenmitglieder, die diese Kriterien erfüllen, betroffen.

Alle weiblichen Mitglieder können somit aufgrund ihres Geschlechts mit dieser Beleidigung gemeint sein. Insbesondere liegt trotz des Wahrheitsgehalts der gemachten Äußerung dennoch eine Beleidigung vor, da die Formulierung die Missachtung durch J erkennen lässt. Es ist der Fall der sog. *Formalbeleidigung* (§ 192 StGB) gegeben.

hemmer-Methode: Hier ist mit guter Begründung auch eine andere Ansicht vertretbar.
Die Bejahung der Beleidigung gegenüber den weiblichen Gruppenmitgliedern steht auch nicht im Widerspruch zu der Ablehnung des § 185 StGB gegenüber dem Polizisten, wenn man davon ausgeht, dass hier primär ein Werturteil vorliegt, wobei für die Strafbarkeit des J dann nicht die Kundgabe gegenüber den weiblichen Gruppenmitgliedern, sondern gegenüber den Zeitungslesern maßgebend ist.

Somit wurden alle weiblichen Gruppenmitglieder von J persönlich beleidigt.

2. J handelte vorsätzlich.

3. J handelte auch rechtswidrig, da er sich insbesondere nicht auf § 193 StGB berufen kann: Formalbeleidigungen sind i.d.R. nicht gerechtfertigt.[91] J handelte auch schuldhaft.

4. J ist gem. § 185 StGB strafbar. Die erforderlichen Strafanträge wurden gestellt.

hemmer-Methode: Zu den Voraussetzungen einer sog. Schmähkritik vgl. BVerfG, Beschluss vom 14.06.2019 – 1 BvR 2433/17 = **Life&Law 10/2019, 692 ff**.

---

91 SCH-SCH/LENCKNER, § 193 Rn. 2.

C. Konkurrenzen

I. Strafbarkeit der B

Die Nötigung im 2. Tatkomplex steht mit dem versuchten gefährlichen Eingriff in den Straßenverkehr in Tateinheit, da beide Delikte durch eine Handlung begangen wurden, § 52 I StGB.

Was die einzelnen Tatkomplexe angeht, muss von mehreren Handlungen ausgegangen werden. Daher liegt diesbezüglich Realkonkurrenz (§ 53 I StGB) vor.

II. Strafbarkeit des J

Die zwei Delikte wurden durch eine Handlung begangen. Die Beleidigung steht daher mit der Verleumdung in Tateinheit, § 52 I StGB.

Zusammenfassung

A. Strafbarkeit der B

1. Tatkomplex: Blockade am 2.11.

I. § 240 I StGB (+)

Hier physische Gewalt; keine Unterbrechung des Kausalverlaufs durch Eingreifen der Polizei; auch unter grundsätzlicher Berücksichtigung von Fernzielen hier Rechtswidrigkeit der Tat (+)

II. § 125 I Nr. 1 StGB (-)

2. Tatkomplex: Straßenblockade am 5.11.

I. § 240 I StGB (+)

Einschränkende Auslegung des Gewaltbegriffs durch das BVerfG, nach BGH aber Gewalt jedenfalls gegenüber Autofahrern ab der zweiten Reihe (a.A. vertretbar)

II. § 315b I Nr. 2 StGB (-)
Keine konkrete Gefahr

III. §§ 315b I Nr. 2, 22, 23 I StGB (+)

IV. § 125 I Nr. 1 StGB (-)

B. Strafbarkeit des J

I. § 187 StGB (+)

Verleumdung nicht der Polizei als Institution, sondern der einzelnen Polizisten unter einer Kollektivbezeichnung

II. § 185 StGB bzgl. der Polizei (-)
Keine Kundgabe

III. § 185 StGB bzgl. der weiblichen Gruppenmitglieder (+)

C. Konkurrenzen

I. Strafbarkeit der B

II. Strafbarkeit des J

Fall 4

Sachverhalt:

Bernd verliert bei einem Besuch im Spielcasino sein gesamtes Geld. Auf der Rückfahrt sieht er am Rande der Landstraße winkend den Bauunternehmer Ulrich stehen, der mit seinem PKW liegengeblieben ist. Bernd, der beobachtet hat, wie Ulrich im Casino große Geldbeträge gewonnen hat, sieht eine Möglichkeit, seine Verluste wettzumachen. Er hält an und schlägt Ulrich vor, ihn mitzunehmen, so dass er von zu Hause aus den Abschleppdienst anrufen könne. Erfreut über diese Hilfe steigt Ulrich ein. Nach kurzer Fahrtstrecke biegt Bernd in einen Feldweg ein, fährt mit der rechten Seite des Wagens so dicht an einen Baum, dass die Beifahrertür nicht geöffnet werden kann, und fordert Ulrich unter Vorhalten einer mitgeführten schussbereiten Pistole auf, sein Bargeld herauszugeben, was dieser notgedrungen auch tut. Nunmehr, im Besitz von 25.000 €, lässt Bernd Ulrich an der Landstraße aussteigen und fährt heim.

Bernds Bruder Theo will Otto wegen vorangegangener Auseinandersetzungen zwischen diesem und seiner derzeitigen Lebensgefährtin Renate zur Rede zu stellen. Als Theo den Otto mit einem Stilett bedroht, erklärt dieser, vor dem Messer keine Angst zu haben. Wegen dieser Äußerung Ottos gerät Theo in immer stärkerem Maß in Wut und Erregung und sticht ihn mit dem sehr scharfem Stilett mit einer Klingenlänge von 15 cm mitten in den Bauch. Otto sinkt daraufhin bewusstlos zu Boden. In dem Bewusstsein, dass die vorangegangene Gewaltanwendung nachhaltigen Eindruck auf die anwesende Kerstin, die Lebensgefährtin des Otto, gemacht hat, fordert Theo diese nunmehr auf, dem am Boden liegenden Otto die Uhr vom Handgelenk zu nehmen und an ihn zu übergeben. Immer noch eingeschüchtert, nimmt Kerstin, die sich zunächst schützend vor Otto gestellt hatte, diesem die Uhr vom Arm und reicht sie Theo, der sie einsteckt.

Bearbeitervermerk:

Prüfen Sie die Strafbarkeit von Bernd (B) und Theo (T).

Lösung

A. Strafbarkeit des B

I. Schwere räuberische Erpressung, §§ 253 I, 255, 250 I, II StGB

1. B könnte sich dadurch, dass er U unter Vorhalten der mitgeführten schussbereiten Pistole dazu gebracht hat, ihm das Geld zu geben, wegen einer schweren räuberischen Erpressung strafbar gemacht haben.

B hat U unter Drohungen mit gegenwärtiger Gefahr für Leib und Leben dazu genötigt, ihm das Geld herauszugeben. Dadurch hat B dem Vermögen des U einen Nachteil zugefügt, so dass dem Wortlaut nach der objektive Tatbestand des § 253 StGB erfüllt erscheint.

Da B die Tat unter Anwendung von Drohungen mit gegenwärtiger Gefahr für Leib und Leben des U begangen hat, könnte gleichzeitig der qualifizierte Tatbestand der räuberischen Erpressung des § 255 StGB erfüllt sein.

Fraglich ist jedoch, ob die §§ 253, 255 StGB verlangen, dass sich das abgenötigte, vermögensschädigende Verhalten als Vermögensverfügung darstellen muss und ob eine solche hier vorliegt.

Nach der Rechtsprechung[92] ist für §§ 253, 255 StGB keine Vermögensverfügung erforderlich. Danach schließen sich die § 249 StGB und § 255 StGB nicht tatbestandlich gegenseitig aus, vielmehr umfasst der Tatbestand des § 255 StGB auch den des § 249 StGB.

Die Abgrenzung ist nach der Rechtsprechung in den Fällen, in denen der Täter sowohl den Tatbestand eines Raubes als auch einer räuberischen Erpressung verwirklicht hat, allein nach dem äußeren Erscheinungsbild der Tat vorzunehmen.

Hiernach läge im Fall keine Wegnahme vor, so dass § 255 StGB gegeben wäre.

Demgegenüber vertritt die h.L.[93] für das Verhältnis der §§ 249, 255 StGB die Auffassung, dass diese Normen sich tatbestandlich ausschließen, da § 249 StGB die Wegnahme durch den Täter im Sinne einer Fremdschädigung verlange, während für § 255 StGB eine Vermögensverfügung des Genötigten im Sinne einer Selbstschädigung erforderlich sei. Insoweit stimme die Erpressung mit dem Betrug überein, so dass das Verhältnis zwischen § 249 StGB und § 255 StGB vergleichbar sei wie zwischen § 242 StGB und § 263 StGB. Die Erpressung setze somit ebenso wie der Betrug eine unmittelbare Selbstschädigung voraus und stehe damit im Gegensatz zu den Vorschriften §§ 242, 249 StGB, bei welchen es sich um Delikte unmittelbarer Fremdschädigung durch Wegnahme handele.

Der Schaden müsse unmittelbar durch ein vermögensminderndes Verhalten des Getäuschten bzw. des Genötigten verursacht werden. Hieraus folge gleichzeitig, dass bei § 255 StGB als Gewalt nur vis compulsiva, nicht aber vis absoluta in Frage komme, da bei letzterer keine Vermögensverfügung des Genötigten mehr möglich sei.

Die Abgrenzung der Vermögensverfügung im Sinne einer Selbstschädigung des Genötigten (§ 255 StGB) von der Fremdschädigung durch Wegnahme durch den Täter (§ 249 StGB) ist nach der h.L. wie beim Verhältnis zwischen Betrug und Diebstahl nicht nach dem äußeren Erscheinungsbild, sondern von der inneren Willensrichtung des Opfers her zu treffen. Eine Vermögensverfügung ist dann anzunehmen, wenn der Genötigte den Gewahrsamsverlust als von seinem eigenen Verhalten abhängig ansieht („Schlüsselposition").

Eine Wegnahme soll dagegen dann vorliegen, wenn es für den Genötigten in der konkreten Zwangslage gleichgültig erscheint, wie er sich verhält, da er die Sache in jedem Fall dem Zugriff des Täters ausgeliefert sieht, so dass auch bei der Herausgabe durch den Genötigten eine Wegnahme vorliegen kann.

Stellt man auf die Sicht des U ab, wird man im vorliegenden Fall angesichts des Vorhaltens einer schussbereiten Pistole eine Vermögensverfügung verneinen und vielmehr (trotz formalen Übergabeakts) von einer Wegnahme ausgehen müssen.

hemmer-Methode: Folge dieses Ansatzes ist, dass zumindest dann, wenn das Opfer die Beute bei sich trägt, der Anwendungsbereich der §§ 253, 255 StGB extrem eingeschränkt wird.

---

92 Vgl. BGHSt 7, 252.

93 Vgl. für viele SCH-SCH/ESER, § 249 Rn. 2; WESSELS/HILLENKAMP, BT-2, Rn. 733.

Handelt es sich somit vom äußeren Erscheinungsbild her – wie vorliegend – um eine Herausgabe, nach der inneren Willensrichtung des Opfers aber um eine Wegnahme, so kommt es hier darauf an, welcher Ansicht zu folgen ist.

Die besseren Argumente sprechen für die h.L.: Sie kann sich zunächst auf die Gesetzessystematik berufen. Es wäre absolut untypisch, das speziellere Delikt (§ 249 StGB) an den Anfang eines Abschnitts zu setzen und erst später das allgemeinere Delikt (§ 255 StGB) folgen zu lassen, dann vor allem aber hinsichtlich der Rechtsfolge beim allgemeineren Delikt (§ 255 StGB) wiederum auf das speziellere Delikt zu verweisen.

Vor allem führt die von der Rspr. vertretene Ansicht dazu, dass die vom Gesetzgeber gewollte Privilegierung desjenigen, der ohne Zueignungsabsicht handelt, unterlaufen wird. Entwendet der Täter gewaltsam ein Auto, um damit lediglich eine Spritztour zu unternehmen, scheidet eine Strafbarkeit nach § 249 I StGB mangels Zueignungsabsicht aus. Der Täter hat sich dann nur nach § 240 I StGB und § 248b StGB strafbar gemacht.

Da aber nach der Rspr. die §§ 253, 255 StGB auch bei einer bloßen Duldung der Wegnahme gegeben sind, wäre der von vornherein rückführungswillige Täter gleichwohl wegen einer räuberischen Erpressung strafbar, also doch gleich einem Räuber zu bestrafen. Im Ergebnis würde sich das Fehlen der Zueignungsabsicht nicht zu seinen Gunsten auswirken. Schließlich hätte § 249 I StGB als lex specialis zu §§ 253, 255 StGB keine eigenständige Bedeutung und wäre dementsprechend im Hinblick auf die gleichen Rechtsfolgen überflüssig.

hemmer-Methode: Entwickeln Sie ein Gespür dafür, wann der klassische Streit zwischen Rspr. und h.L. in welcher Breite zu diskutieren ist.
Im vorliegenden Fall (erzwungene Wegnahme, die nach Ansicht der Literatur eine Wegnahme darstellt) ist der Streit darzustellen, da Rspr. und h.L. zu unterschiedlichen Tatbeständen gelangen. Große praktische Konsequenzen für die Bestrafung des Täters hat der Streit vorliegend allerdings nicht, da in den Rechtsfolgen der Raub und die räuberische Erpressung vollständig identisch sind. Daher sollte die Diskussion nicht zu lange geführt werden.

2. B ist nicht gemäß §§ 253 I, 255, 250 I, II StGB strafbar.

II. Schwerer Raub, §§ 249 I, 250 I, II StGB

1. B könnte sich aber wegen schweren Raubes strafbar gemacht haben.

B hat durch das Vorhalten der schussbereiten Pistole U mit gegenwärtiger Gefahr für Leib und Leben bedroht.

Die Drohung wurde zum Zwecke der Wegnahme des Geldes (für B fremde, bewegliche Sache) angewandt, da für das Vorliegen der Wegnahme nicht auf das äußere Erscheinungsbild, sondern auf die innere Willensrichtung des Genötigten abzustellen ist (s.o.).

B führte beim Raub auch eine Schusswaffe mit sich, § 250 I Nr. 1a StGB. Durch das Vorhalten des Schusswaffe hat B diese auch verwendet i.S.v. § 250 II Nr. 1 StGB, wofür nach gesicherter Auffassung auch der Einsatz als Bedrohungsmittel genügt.

hemmer-Methode: Nachdem der 4. Strafsenat insoweit vorübergehend „schwankte“, steht nunmehr fest, dass dies auch dann gilt, wenn eine konkrete Gefahr erheblicher Verletzungen aufgrund der Umstände nicht unmittelbar vorliegt, etwa wenn bei einem Banküberfall das Personal durch schusssicheres Glas geschützt ist.[94]

2. B handelte vorsätzlich (auch hinsichtlich des Beisichführens einer Schusswaffe) und in der Absicht, sich das Geld rechtswidrig zuzueignen.

3. Die Tat war auch rechtswidrig und B handelte schuldhaft.

4. B hat sich gem. §§ 249 I, 250 II Nr. 1 StGB eines schweren Raubes strafbar gemacht. Die gleichzeitig verwirklichte Nötigung gemäß § 240 StGB wird hiervon ebenso verdrängt wie die Qualifikation nach § 250 I Nr. 1a StGB.

III. Räuberischer Angriff auf Kraftfahrer, § 316a I StGB

hemmer-Methode: § 316a StGB ist ein Delikt, das häufig vergessen wird. Machen Sie diesen Fehler nicht und denken Sie immer an diese Vorschrift, wenn ein Raub oder ein raubähnliches Delikt in einem Kfz oder im Zusammenhang mit einer Fahrt darin begangen wird.

1. B könnte sich ferner nach § 316a I StGB strafbar gemacht haben.

a) B hat zur Begehung eines Raubes einen Angriff auf die Entschlussfreiheit des U im Sinne einer Nötigung verübt, da es bereits zur Nötigung gekommen ist.

Fraglich ist, ob § 316a I StGB auch den bloßen Angriff des Kraftfahrzeugführers auf den Mitfahrer erfassen kann.

Hiergegen könnte die systematische Stellung der Vorschrift sprechen, die sich an die Verkehrsstraftaten anschließt. Hieraus könnte sich ergeben, dass Schutzgut auch die Sicherheit des Kraftfahrzeugverkehrs ist, so dass § 316a StGB hier mangels Vorliegen einer Verkehrsgefährdung ausscheiden müsste.

Nach der h.M. ist § 316a StGB jedoch eine durch die besondere Begehungsweise qualifizierte Form des Raubes, des räuberischen Diebstahls und der räuberischen Erpressung. Dabei ist der Strafrechtsschutz vorverlegt für den Fall, dass der Täter seinen Angriff unter Ausnutzung der besonderen Verhältnisse des Straßenverkehrs verübt, so dass der Gesetzgeber hier ein eigenständiges Raubdelikt geschaffen hat.[95]

§ 316a StGB setzt seinem Inhalt nach gerade keine Gefahr für die Allgemeinheit voraus, sondern stellt Angriffe auf Individualrechtsgüter unter schärfere Strafe, wenn sie unter Ausnutzung der besonderen Verhältnisse des Straßenverkehrs begangen werden, d.h. in Situationen, in denen die Gefahr von Angriffen auf Leben, Leib und Entschlussfreiheit der Straßenverkehrsteilnehmer vergrößert bzw. die Abwehrmöglichkeiten verringert sind. Eine solche Lage kann aber auch für den Mitfahrer bestehen, der von dem Kraftfahrzeugführer angegriffen wird, so dass Täter auch der Führer eines Kraftfahrzeugs gegenüber dem Mitfahrer sein kann, wie hier B gegenüber U.

---

[94] Vgl. dazu näher Kudlich, Life&Law 1999, 471 ff.

[95] Vgl. SCH-SCH/CRAMER, § 316a Rn. 1.

b) B müsste die Tat unter Ausnutzung der besonderen Verhältnisse des Straßenverkehrs begangen haben, wozu die Tat eine nahe Beziehung zur Benutzung des Fahrzeugs als Verkehrsmittel aufweisen und der Täter die typischen Gefahren des Kraftfahrzeugverkehrs in seinen Plan einbezogen haben muss.[96]

Dies ist fraglich angesichts der Tatsache, dass es nicht zu den Besonderheiten des Straßenverkehrs gehört, dass ein Mitfahrer nicht aussteigen kann, weil der Wagen durch den Fahrer dicht an einen Baum geparkt wurde.

Zudem müsste U gerade zum Zeitpunkt der Tat „Mitfahrer" gewesen sein. Angesichts der Tatsache, dass B den Wagen auf einem Feldweg anhielt, muss davon ausgegangen werden, dass B nicht weiter mit Verkehrsvorgängen beschäftigt war. Demzufolge war B zu diesem Zeitpunkt kein „Führer" eines Kfz mehr und damit U auch nicht mehr „Mitfahrer". Diese restriktive, am Wortlaut orientierte Auslegung erscheint angezeigt angesichts der sehr hohen Strafandrohung des § 316a StGB. Der objektive Tatbestand scheidet demzufolge mangels eines tauglichen Tatobjekts aus.

hemmer-Methode: Genauso gut vertretbar ist es, vorliegend in restriktiver Auslegung des § 316a StGB die Ausnutzung der besonderen Verhältnisse des Straßenverkehrs zu verneinen.[97]

2. B hat sich nicht gem. § 316a I StGB wegen eines räuberischen Angriffs auf Kraftfahrer strafbar gemacht.

IV. Erpresserischer Menschenraub, § 239a I StGB

Die Strafbarkeit aus § 239a StGB scheitert bereits daran, dass das Entführen oder Sich-Bemächtigen eines anderen mit der Zielsetzung erfolgt sein müsste, eine Erpressung zu begehen. Daran fehlt es, soweit auch hier auf die Abgrenzung der h.L. abgestellt wird, da B den U nicht zu einer Vermögensverfügung veranlassen wollte, sondern lediglich dazu, die Wegnahme zu dulden (s.o.).

V. Geiselnahme, § 239b I StGB

1. Möglicherweise hat sich B aber wegen Geiselnahme nach § 239b I StGB strafbar gemacht.

Fraglich ist, ob B dadurch, dass er U in den Wald fuhr und ihn mit vorgehaltener Pistole zwang, sein Bargeld herauszugeben, den Tatbestand des § 239b I StGB verwirklicht hat.

a) B könnte sich des U i.S.d. § 239b StGB bemächtigt haben. Darunter wird die Erlangung der physischen Herrschaft über das Opfer verstanden, wobei eine Ortsveränderung nicht erforderlich ist.

Eine solche physische Herrschaft liegt durch die Beeinträchtigung der Fortbewegungsfreiheit des U und die Bedrohung mit der Pistole vor.

Die h.M. und insbesondere die Rspr. gehen davon aus, dass sowohl die Vorschrift des § 239a StGB als auch die des § 239b StGB im Zwei-Personen-Verhältnis eingeschränkt ausgelegt werden müssen.[98]

---

96 Vgl. FISCHER, § 316a Rn. 3 f.

97 Siehe hierzu instruktiv Fischer, § 316a Rn. 9 ff.

98 BGHSt 39, 36 ,44; 40, 350 (= NJW 95, 471); BGH, NJW 97, 1082; **alle Entscheidungen = juris**byhemmer.

Dies gelte insbesondere für die Fälle, in denen das bloße Sich-Bemächtigen unmittelbares Nötigungsmittel einer Vergewaltigung, sexuellen Nötigung oder räuberischen Erpressung sei.

Würde man die §§ 239a, 239b StGB auf Fälle anwenden, in denen der Nötigungserfolg im unmittelbaren Gewaltzusammenhang des Sich-Bemächtigens eintritt, so führte dies dazu, dass jedenfalls der weit überwiegende Teil der Vergewaltigungen gleichzeitig als Geiselnahme, ein großer Teil „typischer" räuberischer Erpressungen zugleich als erpresserischer Menschenraub zu beurteilen wären. Denn in der Regel „bemächtigt" sich der Täter des Opfers, indem er es durch Bedrohung oder körperliche Kraft in seine physische Gewalt bringt.[99]

Dabei wurde das vorher vielfach propagierte Einschränkungskriterium der „Außenwirkung"[100] vom Großen Senat ausdrücklich aufgegeben[101], da es zum einen häufig nicht eindeutig und trennscharf ist, zum anderen keinen Anhalt im Gesetzeswortlaut findet.

Dagegen ergibt sich nach Ansicht des BGH bereits aus dem Wortlaut *„um durch die Drohung mit dem Tod (...) zu nötigen"*, dass ein Ausnutzen der durch die Zwangsmaßnahme geschaffenen Lage die Absicht des Täters sein müsse. Es muss (in den Worten der Rspr.) eine *„stabile Zwischenlage"* entstehen, so dass das Sich-Bemächtigen von der späteren Gewaltanwendung unterscheidbar ist. Über den Zwang hinaus, der schon im Sich-Bemächtigen liegt, muss ein weiterer, den eigentlichen Zielen des Täters dienender (fortdauernder) Zwang gewollt sein.

Stellt man vorliegend auf die Bedrohung mit der Waffe ab, ist ein von der späteren Gewaltanwendung unterscheidbares Sich-Bemächtigen als stabile Zwischenlage nicht ersichtlich. Der BGH führt zudem weiter aus, dass dieses Erfordernis beim bloßen Sich-Bemächtigen meistens - im Gegensatz zum Tatbestandsmerkmal des Entführens, das ja zusätzlich eine Ortsveränderung voraussetzt - nicht verwirklicht sein wird. Er deutet dabei an, dass zwischen den Alternativen des objektiven Tatbestands zu unterscheiden ist, da nur das Vorliegen einer Entführung das erforderliche *Ausnutzen der Zwangslage* indiziert.

b) Möglicherweise ist aber das Merkmal des „Entführens" verwirklicht.

Entführen ist das Fortbringen des Opfers vom bisherigen Aufenthaltsort an einen anderen, zu dem Zweck, es in eine andere Lage zu bringen, die es dem ungehemmten Einfluss des Täters preisgibt.[102] Dieses zusätzlich erforderliche Merkmal der Ortsveränderung zum Zwecke der Realisierung der deliktischen Absichten kann im vorliegenden Fall bejaht werden, wenn man darauf abstellt, dass B den U unter Verheimlichung seiner wahren Absichten in seinen Wagen gelockt hat.

hemmer-Methode: Umstritten ist, ob ein Entführen auch dann in Betracht kommt, wenn allein mit List gehandelt wurde. Vorzugswürdig dürfte sein, jedenfalls eine abstrakt gefährliche Bemächtigungslage vorauszusetzen.[103]

---

99 BGH, NJW 1995, 471 = **juris**byhemmer; zu der Entscheidung des Großen Senats MÜLLER-DIETZ, JuS 96, 110.

100 So vor allem in BGHSt 39, 36 = **juris**byhemmer.

101 BGHSt 40, 350 = **juris**byhemmer.

102 Vgl. Wessels/Hettinger, BT-1, Rn. 454.

103 Vgl. FISCHER, § 239a Rn. 4b-4d.

Da eben diese Entführung gerade dazu führt, dass das Tatopfer in seinen Schutz- und Verteidigungsmöglichkeiten eingeschränkt ist, kann nach Ansicht des BGH auch regelmäßig von einem *Ausnutzen* dieser Lage gesprochen werden, wenn der Täter, wie im vorliegenden Fall, während der Entführung beabsichtigt, das Opfer zur Duldung der Wegnahme zu nötigen.[104] Daher ist der Tatbestand des § 239b I StGB verwirklicht.

hemmer-Methode: Beachten Sie, dass die Vollendung des § 239b I StGB bereits mit der Entführung in der entsprechenden Absicht eintritt. Nicht erforderlich ist der Vollzug der Wegnahme, da es sich insoweit um ein Delikt mit überschießender Innentendenz handelt, also der Raub nur beabsichtigt sein muss.

2. B hat vorsätzlich, rechtswidrig und schuldhaft gehandelt.

3. B hat sich wegen Geiselnahme gem. § 239b I StGB strafbar gemacht.

VI. Freiheitsberaubung, § 239 I StGB

1. B hat dem U die Möglichkeit genommen, sich nach seinem Willen fortzubewegen, indem er es ihm durch das Heranfahren an den Baum unmöglich gemacht hat, aus dem Wagen auszusteigen. Damit hat er U gleichzeitig „eingesperrt“ im Sinne eines Festhaltens in einem umschlossenen Raum durch äußere Vorrichtungen, so dass der Betroffene objektiv gehindert ist, sich von der Stelle zu bewegen, wenn er das wollte.[105]

2. B handelte vorsätzlich.

3. Die Tat war rechtswidrig, und B handelte schuldhaft.

4. B hat sich gemäß § 239 I StGB wegen Freiheitsberaubung strafbar gemacht. Da jedoch die Freiheitsentziehung nur Mittel zur Begehung einer Geiselnahme gem. § 239b I StGB war, tritt sie hinter § 239b I StGB zurück.[106]

VII. Konkurrenzen

Fraglich ist, ob die Geiselnahme den Raub im Wege der Gesetzeskonkurrenz verdrängt. Dagegen spricht jedoch zum einen, dass zumindest beim schweren Raub nach § 250 II StGB der Strafrahmen genauso hoch ist, zum anderen die Tatsache, dass aus der Verwirklichung des § 239b I StGB noch nicht hervorgeht, ob tatsächlich auch die Vollendung des beabsichtigten Deliktes eingetreten ist. Daher ist aufgrund der Klarstellungsfunktion der Idealkonkurrenz Tateinheit (§ 52 I StGB) anzunehmen.

hemmer-Methode: Die Konkurrenzen gehören zu jeder vollständigen Klausurlösung und sind daher immer „wichtig“. Von besonderer Bedeutung sind sie aber, wenn wie hier mehrere gewichtige Delikte nebeneinander verwirklicht werden, bei denen das Konkurrenzverhältnis nicht ohne weiteres klar ist. Die häufig unterschiedlichen Ansichten, die gerade hier zu Einzelproblemen vertreten werden, müssen dagegen i.d.R. in der Klausur nicht bekannt sein. Wichtig ist eine gute Begründung mit allgemeinen Argumenten der Konkurrenzlehre, z.B. der „Klarstellungsfunktion der Idealkonkurrenz“.

---

[104] BGH, NJW 1995, 471 = **juris**byhemmer.

[105] Vgl. FISCHER, § 239 Rn. 3.

[106] FISCHER, § 239b Rn. 10.

B. Strafbarkeit des T

1. Tatkomplex: Der Stich mit dem Stilett

hemmer-Methode: Trotz der zeitlich schnellen Abfolge ist eine Aufspaltung in zwei Tatkomplexe, nämlich den Stich (= eigene Handlung) und die Wegnahme (= fremde Handlung der K), sinnvoll, um das Problem der Rolle der K herausarbeiten zu können.

I. Versuchter Totschlag, §§ 212 I, 22, 23 I StGB

1. Die Tat ist nicht vollendet. Der Versuch des Totschlags ist strafbar, §§ 212, 23 I, 12 I StGB.

2. Fraglich ist, ob im vorliegenden Fall der erforderliche Tatentschluss zu bejahen, dem T also zumindest dolus eventualis zu unterstellen ist. Mit der vom BGH vertretenen Einwilligungs- und Billigungstheorie ist davon auszugehen, dass sich T mit dem Erfolgseintritt dergestalt abfand, dass zumindest ein „Billigen im Rechtssinne“ vorliegt. Denn ihm musste sich aufdrängen, dass ein Stich zentral in die Bauchgegend mit einem sehr scharfen Stilett mit einer Klingenlänge von 15 cm regelmäßig zu einer lebensbedrohenden Verletzung führt.

3. T hat unmittelbar zur Tatbestandsverwirklichung angesetzt.

4. Rechtswidrigkeit und Schuld liegen ebenfalls vor, so dass sich T wegen eines versuchten Totschlags strafbar gemacht hat.

hemmer-Methode: Die Verwirklichung von Mordmerkmalen ist vorliegend nicht ersichtlich.

II. Gefährliche Körperverletzung, §§ 223 I, 224 I StGB

1. T hat O körperlich misshandelt und an der Gesundheit beschädigt. Außerdem ist das Stilett als gefährliches Werkzeug i.S.d. § 224 I Nr. 2 StGB anzusehen. Schließlich ist von einer das Leben gefährdenden Behandlung auszugehen, § 224 I Nr. 5 StGB.

2. Die Tat wurde vorsätzlich, rechtswidrig und schuldhaft begangen.

3. T hat sich wegen einer gefährlichen Körperverletzung strafbar gemacht. Diese steht zu dem versuchten Totschlag in Tateinheit, § 52 StGB. Nur so kommt hinreichend zum Ausdruck, dass es bei der Attacke mit dem Stilett zu einem Körperverletzungserfolg kam („Klarstellungsfunktion“).

III. Raub, § 249 I StGB

1. Zwar stellt der Stich mit dem Messer unstreitig Gewalt i.S.d. § 249 I StGB dar. Diese wurde jedoch nicht eingesetzt, um die Wegnahme zu ermöglichen, da es T zu diesem Zeitpunkt noch gar nicht auf die Uhr abgesehen hatte. Es fehlt an der für § 249 StGB erforderlichen finalen Verknüpfung zwischen Gewalt und Wegnahme.

2. T hat sich bezogen auf die Gewaltanwendung gegenüber O nicht wegen eines Raubes strafbar gemacht.

2. Tatkomplex: Die Drohung gegenüber K

I. Schwere räuberische Erpressung, §§ 253 I, 255, 250 I, II StGB

1. T könnte sich dadurch, dass er von K forderte, sie solle ihm die Uhr geben, nach §§ 253, 255, 250 I, II StGB strafbar gemacht haben.

a) Hierbei ist davon auszugehen, dass sich eine - konkludente - Drohung mit weiteren Gewalttätigkeiten und damit einer gegenwärtigen Gefahr für Leib oder Leben i.S.d. § 255 StGB gegen K richtete, um diese zur Wegnahme der Uhr des O und deren Übergabe an T zu zwingen.

b) Die Nötigung zur Wegnahme von Gegenständen, die im Eigentum eines Dritten stehen, kann - je nach den Umständen des Einzelfalls - die Tatbestände der Nötigung in Tateinheit mit Anstiftung zum Diebstahl oder mit Diebstahl in mittelbarer Täterschaft, der (räuberischen) Erpressung oder des Raubes erfüllen.

Der Tatbestand der Erpressung schützt dabei sowohl das Vermögen als auch die Willensfreiheit. Aus dem Umstand, dass die Träger dieser beiden Rechtsgüter nicht identisch sein müssen, ergibt sich die Möglichkeit der *„Dreieckserpressung“*. Obwohl vom Wortlaut der Norm gedeckt, reicht es hierfür jedoch nicht aus, dass zwischen der abgenötigten Handlung, Duldung oder Unterlassung und dem bei einem Dritten eintretenden Vermögensschaden überhaupt eine kausale Verknüpfung besteht.

Vielmehr bedarf der weit gefasste Tatbestand der Erpressung insoweit einer einschränkenden Auslegung unter Rückgriff auf den Wesensgehalt der Norm.[107]

Im Rahmen der bekannteren Parallelproblematik bei der Abgrenzung des Dreiecksbetrugs zum Diebstahl in mittelbarer Täterschaft geht die h.M davon aus, dass eine rechtliche Verfügungsmacht des Getäuschten über die fremden Vermögensgegenstände nicht erforderlich ist.[108]

Auch eine Dreieckserpressung setzt nach der Rechtsprechung weder eine rechtliche Verfügungsmacht noch eine tatsächliche Herrschaftsgewalt des Genötigten über die fremden Vermögensgegenstände im Sinne einer Gewahrsamsdienerschaft voraus.

Dennoch kann nicht jedes einem Dritten abgenötigte vermögensschädigende Verhalten eine Strafbarkeit wegen Erpressung begründen. Vielmehr muss zwischen dem Genötigten und dem in seinem Vermögen Geschädigten ein Näheverhältnis dergestalt bestehen, dass das Nötigungsopfer spätestens im Zeitpunkt der Tatbegehung auf der Seite des Vermögensinhabers steht.

Gerade darin, dass der Täter die von einem Dritten wahrgenommene Schutzfunktion mit Nötigungsmitteln aufhebt, sieht der BGH den Unrechtsgehalt der Dreieckserpressung.[109]

Steht der Genötigte den Vermögensinteressen des Geschädigten dagegen gleichgültig gegenüber, so begeht der Täter lediglich eine Nötigung in Tateinheit mit Anstiftung zum Diebstahl oder Diebstahl in mittelbarer Täterschaft.

So liegt der Fall hier aber nicht, denn K stand als Lebensgefährtin des O eindeutig in dessen Lager.

Auch wenn man des Kriterium des Näheverhältnisses ablehnt[110], weil der Dritte ähnlich wie beim Nötigungsnotstand quasi auf die Seite des Unrechts tritt, ergibt sich nichts anderes, wenn man statt dessen auf den Gedanken der Opfergemeinschaft abstellt.

---

107 BGH, NStZ 95, 498 = **juris**byhemmer; vgl. zur Problematik der Dreieckserpressung vertiefend auch - teils von der Rspr. abweichend - MITSCH, BT II/1, § 6 Rn. 41 ff.

108 Vgl. FISCHER, § 263 Rn. 79 ff.

109 BGHSt 41, 123 = NJW 95, 2799 = NStZ 95, 498 = **juris**byhemmer.

110 So MITSCH, NStZ 95, 499.

Charakteristisch für die Erpressung ist nämlich deren „Freikaufcharakter". Eine Dreieckserpressung kann daher, wenn der Dritte mit fremden Vermögen zahlt, auch nur dann vorliegen, wenn er nicht nur sich, sondern zugleich auch den Vermögensinhaber „freikauft".

Aber auch das ist vorliegend der Fall: Indem K dem T die Uhr des O übergab, wollte sie sowohl für sich als auch für O weitere Gefahren vermeiden.

c) Aufgrund dieser Erwägungen steht aber bis jetzt nur fest, dass zwischen der Nötigung und dem Vermögensschaden eine innere Verknüpfung besteht, da das Verhalten der K dem O zugerechnet werden kann und dass Nötigung in Tateinheit mit Diebstahl in mittelbarer Täterschaft bzw. mit Anstiftung zum Diebstahl deshalb ausscheidet. Noch nicht entschieden ist dagegen, ob Raub oder räuberische Erpressung vorliegt.

Diese Abgrenzung weist bei der Dreieckserpressung keine Besonderheiten auf.

Die Rechtsprechung verlangt für die Erpressung - anders als für den Betrug - keine Vermögensverfügung[111], so dass sich der Raub als lex specialis gegenüber den §§ 253, 255 StGB darstellt. Auf Konkurrenzebene erfolgt die Abgrenzung dann ausschließlich nach dem äußeren Erscheinungsbild.[112]

Die Literatur, die auf dem Erfordernis einer Vermögensverfügung besteht, grenzt dagegen nach der inneren Willensrichtung des Genötigten ab.

Nach der Rechtsprechung liegt im vorliegenden Fall eindeutig eine Erpressung vor, da K dem T die Uhr übergeben hat.

Anders sieht das die Literatur: Da sich der T die Uhr genauso gut hätte nehmen können, fehlt es an einer Vermögensverfügung.[113]

2. Da - wie im ersten Tatkomplex ausgeführt - die besseren Argumente für die h.L. sprechen, hat T keine schwere räuberische Erpressung begangen.

II. Schwerer Raub, §§ 249 I, 250 I, II StGB

1. T könnte sich aber wegen eines Raubes strafbar gemacht haben.

Dass K keinen Gewahrsam an der Uhr hatte, steht der Annahme eines Raubes nicht entgegen. Denn auch beim Raub ist eine Dreieckskonstellation dergestalt denkbar, dass die Gewalt oder Drohung nicht gegen den Gewahrsamsinhaber, sondern gegen einen schutzbereiten Dritten eingesetzt wird.[114]

Dass nach der Auffassung der Literatur im vorliegenden Fall eine Wegnahme vorliegt, weil es auf die Sichtweise der bedrohten K ankommt, wurde oben ausgeführt.[115]

hemmer-Methode: Bei der Dreieckserpressung handelt es sich um ein sehr kniffliges BT-Problem, bei dem mehrere Ansichten gut vertretbar sind. Wichtig ist hier vor allem, dass Sie zwei Fragen sauber auseinander halten:

---

111 BGH, NStZ 95, 498 mit Verweis auf die ständige Rspr. = **juris**byhemmer.

112 Explizit für den Fall der Dreieckserpressung BGH, NStZ-RR 97, 321.

113 Vgl. KRACK, JuS 96, 493, 496.

114 Vgl. FISCHER, § 249 Rn. 4.

115 Teilweise wird der vorliegende Fall auch als mittelbare Täterschaft eingestuft, wenn man annimmt, es handele sich um eine durch K vermittelte Wegnahme, vgl. KRACK, JuS 96, 493, 496.

Zum einen die generelle Abgrenzung von Raub und räuberischer Erpressung, zum anderen die Problematik der Dreieckskonstellation, d.h. die Frage, ob zwischen der Nötigung und dem Vermögensschaden ein hinreichend enger Zusammenhang (Stichwort: Näheverhältnis, Opfergemeinschaft) besteht.
Fehlt es hieran, liegt nämlich weder Raub noch räuberische Erpressung vor, sondern nur Nötigung verbunden mit Diebstahl in mittelbarer Täterschaft bzw. Anstiftung zum Diebstahl.
Haben Sie das alles sauber herausgearbeitet, ist es für die Bewertung der Klausur gleichgültig, zu welchem Ergebnis Sie kommen. Die Punkte haben Sie sich bereits aufgrund Ihrer Argumentation verdient.

Da T während der Tatbegehung auch ein Stilett nicht nur bei sich führte, sondern sogar zu Nötigungszwecken verwendete, liegt ein schwerer Raub gemäß § 250 II Nr. 1 StGB vor.

2. T handelte vorsätzlich und mit Zueignungsabsicht.

3. Die Tat war rechtswidrig und T handelte schuldhaft.

4. T hat sich damit eines schweren Raubes in unmittelbarer Täterschaft (a.A. vertretbar) strafbar gemacht.

III. Geiselnahme, § 239b I StGB

1. In Betracht käme an sich auch der Tatbestand der Geiselnahme, da in der Drohung gegenüber K durchaus ein Sich-Bemächtigen zu sehen sein kann.

Allerdings sind die §§ 239a, 239b StGB im Zwei-Personen-Verhältnis einschränkend auszulegen.

Nach der Rspr. des Großen Strafsenats scheidet eine Bestrafung aus beiden Tatbeständen immer dann aus, wenn das Sich-Bemächtigen zugleich unmittelbares Nötigungsmittel ist.[116] Erforderlich ist vielmehr, dass durch das Sich-Bemächtigen eine stabile Lage entsteht. Dies ist vorliegend nicht der Fall.

2. T hat sich daher nicht nach § 239b I StGB strafbar gemacht.

---

116 Vgl. BGH, NStZ 1995, 129, 131.
= **juris**byhemmer und die Ausführungen bei Rn. 55.

Zusammenfassung

A. Strafbarkeit des B

I. §§ 253, 255, 250 II Nr. 1 StGB (-)
Nach h.L. stehen § 249 und §§ 253, 255 StGB in einem strengen Exklusivitätsverhältnis, die Abgrenzung erfolgt nach der Willensrichtung des Opfers (a.A. insoweit die Rspr.)

II. §§ 249 I, 250 II Nr. 1 StGB (+)

III. § 316a I StGB (-)
Vorliegend Opfer kein „Mitfahrer" im Sinne der Vorschrift

IV. § 239a I StGB (-)

V. § 239b I StGB (+)

Zwar einschränkende Auslegung im Zwei-Personen-Verhältnis; Sich-Bemächtigen darf nicht unmittelbares Nötigungsmittel sein; hier aber Entführen zu bejahen

VI. § 239 I StGB (+)

VII. Konkurrenzen

§ 250 StGB steht zu § 239b StGB aus Klarstellungsgründen in Tateinheit, § 52 StGB

B. Strafbarkeit des T

1. Tatkomplex: Der Stich mit dem Stilett

I. §§ 212 I, 22, 23 I StGB (+)

II. §§ 223, 224 StGB (+); nach h.M. Idealkonkurrenz mit versuchtem Tötungsdelikt

III. § 249 I StGB (-)

Kein Finalzusammenhang zwischen Nötigung und Wegnahme

2. Tatkomplex: Die Drohung gegenüber K

I. §§ 253 I, 255, 250 II Nr. 1 StGB

Nach Rspr. hier Konstellation der Dreieckserpressung, a.A. insofern die Literatur, da nicht allein auf das äußere Erscheinungsbild abzustellen ist

II. §§ 249 I, 250 II Nr. 1 StGB (+)

III. § 239b StGB (-)
Einschränkende Auslegung im Zwei-Personen-Verhältnis

Fall 5

Sachverhalt:

Theodor (T) hat eine Uhr gestohlen und beschließt nun, diese weiter zu veräußern. Da er eine polizeiliche Durchsuchung seiner Wohnung fürchtet, bittet er seinen Bruder, den Rechtsanwalt Anton (A), die Uhr in seiner Wohnung zu verstecken und ihm unentgeltlich bei der Suche nach einem Erwerber behilflich zu sein, damit die Uhr im drohenden Strafverfahren nicht „eingezogen" werden könne. Trotz dieser Hilfe findet sich allerdings kein Abnehmer für die Uhr.

Um seine Finanznöte anderweltig zu lindern, nimmt T einen gestohlenen VW-Golf, nachdem das Fahrzeug völlig ausgeschlachtet worden war, von Zenko (Z), der es entweder durch Diebstahl oder durch Hehlerei in seinen Besitz gebracht hatte, in Kenntnis der strafbaren Herkunft gegen ein Entgelt von 200 € zur Entsorgung entgegen. Infolgedessen verzögerten sich die Ermittlungen gegen Z aufgrund der erschwerten Beweislage um mehrere Wochen.

A sorgt kurz darauf im Rahmen der Verteidigung seines in Untersuchungshaft einsitzenden Mandanten Benno (B) dafür, dass eine größere Menge Heroin aus dessen Wohnung herausgeschafft wird. Hierdurch soll eine Strafverfolgung des B verhindert werden, die drohen würde, falls man das Rauschgift bei einer zu erwartenden Hausdurchsuchung fände. B hatte A zu dieser Handlung dadurch „überredet", dass er A angedroht hatte, er werde sonst dessen „Hehler-Aktivitäten" der Polizei offenbaren.

Die Verurteilung des B wird durch diese Maßnahme um mehrere Wochen hinausgezögert, kann letztlich aber nicht verhindert werden. Um Benno auch nach der Verurteilung ruhig zu halten, zahlt A dessen Geldstrafe in Höhe von 50.000 €.

Bearbeitervermerk:

Prüfen Sie die Strafbarkeit von T und A nach dem StGB.

Lösung:

1. Tatkomplex: Die Bruderhilfe

A. Strafbarkeit des T als Täter

Diebstahl, § 242 I StGB

Vorliegend hat T eine Uhr gestohlen. Es ist von einer rechtswidrigen und schuldhaften Tatbegehung auszugehen; T hat sich daher nach § 242 I StGB strafbar gemacht.

hemmer-Methode: Übersehen Sie einfache und naheliegende Delikte nicht im Übereifer der bevorstehenden komplizierten Prüfungen.
Dadurch, dass man den Diebstahl hier erkennt und bejaht, kann man kaum einen Pluspunkt holen, so dass man die Prüfung auch auf ein Minimum reduzieren kann.

B. Strafbarkeit des A

I. Begünstigung, § 257 I StGB

1. Die im Rahmen des § 257 I StGB erforderliche rechtswidrige *Vortat eines anderen* liegt in dem Diebstahl des T. An dieser hat A hier in keinerlei Weise mitgewirkt, so dass eine Beihilfestrafbarkeit (§§ 242 I, 27 I StGB) ausscheidet.

Ein *Hilfeleisten* i.S.d. § 257 I StGB ist gegeben, wenn eine Handlung vorgenommen wird, die objektiv geeignet ist und mit der Tendenz vorgenommen wird, die durch die Vortat erlangten Vorteile gegen Entziehung zu sichern.[117]

Dies geschah hier durch das Aufbewahren der Uhr in der Wohnung.

2. A handelte vorsätzlich und in der Absicht, dem Täter T die Vorteile der Vortat zu sichern.

3. Die Tat war rechtswidrig, und A handelte schuldhaft.

4. A hat sich damit nach § 257 I StGB strafbar gemacht.

II. Strafvereitelung, § 258 I StGB

1. In Betracht käme weiter eine Strafbarkeit wegen *Verfolgungsvereitelung*, § 258 I StGB.

Erforderlich hierzu wäre, dass der Täter die Durchsetzung des staatlichen Anspruchs auf Verhängung einer Strafe oder einer Maßnahme i.S.d. § 11 I Nr. 8 StGB verhindert.

Eine Maßnahme i.S. dieser Vorschrift ist auch die Einziehung gemäß § 73 I StGB, welche durch das Aufbewahren von Beutestücken zugunsten des Vortäters verhindert wird, so dass an sich § 258 I StGB in der 2. Alt. einschlägig wäre.

2. Jedoch ist zu beachten, dass zugunsten des A der *persönliche Strafausschließungsgrund* des § 258 VI StGB eingreift, da er die Tat zugunsten seines Bruders, einem Angehörigen i.S.d. § 11 I Nr. 1a StGB, begangen hat.

hemmer-Methode: Entscheidend sind Ihr Wissen, Ihr Problembewusstsein und Ihre Klausurtechnik: An sich wäre es im Gutachten auch legitim, eine Strafbarkeit des A sofort mit dem Hinweis auf § 258 VI StGB zu verneinen. Wenn sich aber ein interessantes Problem i.R.d. Strafvereitelung ergibt, ist es besser, dieses zumindest kurz anzureißen.

3. A hat sich nicht wegen Strafvereitelung strafbar gemacht.

III. Hehlerei, § 259 I StGB

1. A könnte durch seine Absatzbemühungen aber eine Hehlerei begangen haben.

Eine rechtswidrige Vortat eines *anderen* liegt vor (vgl. oben), da T die Uhr gestohlen hat.

a) Fraglich ist allerdings, ob in dem bloßen Aufbewahren der Sache ein Sich-Verschaffen gesehen werden kann. Hierzu ist nämlich erforderlich, dass der Täter die Sache zur eigenen Verfügungsgewalt bekommt und nicht bloß Fremdbesitzer ist.

Ein Sich-Verschaffen kommt nur in Betracht, wenn der Täter im eigenen oder im Interesse desjenigen handelt, der die eigentümerähnliche Verfügungsgewalt über die Sache erhalten soll.[118]

---

[117] FISCHER, § 257 Rn. 6.

[118] „Lagertheorie"; vgl. ROTH, JA 1988, 193, 202.

Für das Ankaufen als Unterfall der Tatbestandsvariante Sich-Verschaffen gilt grds. dasselbe.

Da A die Uhr nur für den T verwahren wollte, liegt ein Fall des Sich-Verschaffens i.S.d. § 259 I StGB nicht vor.[119]

b) Ein Absetzen i.S.d. § 259 StGB kommt schon deswegen nicht in Betracht, weil ein selbständiges Handeln i.d.S.[120] nicht vorliegt. Im Unterschied zur „Absatzhilfe" setzt das Tatbestandsmerkmal „Absetzen" voraus, dass der Hehler die Sache in eigener Verantwortung weiterverschiebt.

c) In Betracht käme jedoch die Variante der Absatzhilfe als unselbständige Unterstützung des Vortäters zu der von diesem selbst vorgenommenen Veräußerung, also v.a. die Hilfe beim Weiterschieben der bemakelten Sache durch die Unterstützung bei der Abnehmersuche.

hemmer-Methode: Machen Sie sich den Unterschied zwischen Absetzen und Absatzhilfe klar: Bei der Absatzhilfe handelt es sich eigentlich um eine Beihilfehandlung zum Absetzen des Vortäters.
Da der Vortäter sich jedoch selbst nicht wegen Hehlerei strafbar machen kann, wenn er die Sache absetzt (kein „anderer"), wäre auch eine Beihilfe beim Absatz straflos. Deshalb hat der Gesetzgeber durch die Aufnahme des Merkmals der „Absatzhilfe" eine Beihilfehandlung als täterschaftliche Hehlerei eingestuft.

Fraglich ist allerdings, ob das Merkmal der Absatzhilfe auch dann vollendet ist, wenn der Absatz nicht gelingt.

aa) Nach der h.L.[121] ist der Erfolg erforderlich, da das Absetzen bzw. die Absatzhilfe quasi die Kehrseite des Verschaffens sei. Beim Verschaffen sei der Erfolg nach allgemeiner Ansicht für die Vollendung erforderlich. Ließe man für das Absetzen bereits dessen Versuch ausreichen, so bedeute es eine dem Analogieverbot aus Art. 103 II GG widersprechende Missachtung der Auslegungsschranke „möglicher Wortsinn des Gesetzes".[122]

bb) Dagegen nahm die frühere Rspr.[123] an, dass die bloße Handlung genüge. § 259 StGB a.F. sprach von einem *„Mitwirken beim Absatz"*, wofür die h.M. eine auf den Absatz hinzielende Tätigkeit genügen ließ.[124] Der Gesetzgeber habe mit der Neufassung des § 259 I StGB (*„Absetzen"* bzw. *„Absetzen-Helfen"*) lediglich klarstellen wollen, dass sowohl selbständige als auch unselbständige Absatzbemühungen den Tatbestand des § 259 I StGB erfüllen. Den Eintritt eines Absatzerfolgs habe der Gesetzgeber damit gerade nicht statuieren wollen. Denn während der Absatzbemühungen bleibe die rechtswidrige Besitzlage mit Hilfe des Täters aufrechterhalten („perpetuiert"), während beim Sich-Verschaffen der Täter erst ab Erfolgseintritt an der Perpetuierung teilhabe.

cc) Mittlerweile hat sich die Rspr. gewandelt und hält die Argumente der h.L. für überzeugend. Für das Erfordernis eines Absatzerfolgs spreche bereits der eindeutige Gesetzeswortlaut.

---

119 Vgl. auch FISCHER, § 259 Rn. 11 f.

120 Vgl. FISCHER, § 259 Rn. 15.

121 Sch-Sch-Stree, § 259, Rn. 38 m.w.N.

122 Krey, BT-2, Rn. 592.

123 BGHSt 26, 358 = **juris**byhemmer; BGHSt 27, 45 - 52 = **juris**byhemmer; Fischer, § 259, Rn. 18 f. m.w.N.

124 BGHSt 22, 206 - 209.

Zudem wäre anderenfalls ein Versuch des Absetzens quasi nicht möglich, was insbesondere den „Absatz-Helfer“ i.S.d. § 259 I StGB, welchem schon die Strafrahmenverschiebung des § 27 II S. 2 StGB nicht zugutekommt, unangemessen benachteiligt.[125] Dies vermag zu überzeugen.

dd) Nach der Rspr. und der h.L. käme somit vorliegend allein eine Strafbarkeit des A wegen versuchter Hehlerei gem. §§ 259 I, 22, 23 I StGB in Betracht. Allerdings könnte eine solche Versuchsstrafbarkeit bereits daran scheitern, dass die für die Verwirklichung von § 259 I StGB erforderliche spezifische Absicht bei A nicht vorliegt.

2. A müsste somit neben dem hier vorliegenden Tatbestandsvorsatz auch in der Absicht gehandelt haben, *sich* oder einem *Dritten* einen Vermögensvorteil zu verschaffen.

hemmer-Methode: Beachten Sie, dass die Bereicherungsabsicht (anders als bei §§ 263 I, 253 I StGB) nicht rechtswidrig zu sein braucht, denn die Beeinträchtigung des geschützten Rechtsguts hängt nicht davon ab, ob der Hehler sich rechtmäßig oder rechtswidrig bereichern will.[126]
Auch Stoffgleichheit zwischen dem Hehlerei-Gegenstand und dem erstrebten Vermögensvorteil ist nicht erforderlich.

Ein eigennütziges Verhalten scheidet hier aus, da seine Unterstützung *unentgeltlich* erfolgte.

Allerdings ist ein Bereicherungsstreben zugunsten seines Bruders anzunehmen. Problematisch dabei ist, ob im Rahmen des § 259 StGB auch der Vortäter selbst Dritter sein kann.

Die Befürworter dieser Ansicht[127] berufen sich auf die insoweit fehlende Differenzierung im Gesetzeswortlaut und bejahen die Strafbarkeit.

Die Gegenansicht geht davon aus, dass die Bereicherung des Vortäters bereits von § 257 StGB abschließend erfasst sei.[128]

Der BGH[129] folgt diesem engeren Verständnis. Er begründet dies mit dem Wortlaut der Norm, also damit, dass der Vortäter im Rahmen des § 259 I StGB als *„anderer“* bezeichnet werde, während die Bereicherungsabsicht zugunsten eines *Dritten* eingreifen müsse. Damit existiere schon eine begriffliche Differenzierung, die klarstelle, dass der Vortäter niemals Dritter i.S.d. Vorschrift sein könne.

Im Übrigen spreche für diese Lösung auch die Entstehungsgeschichte:

Der Zweck der Gesetzesänderung, bei der die Drittbereicherungsabsicht erst später eingefügt wurde, sei u.a. gerade gewesen, den Tatbestand der Hehlerei von dem der Begünstigung (§ 257 I StGB) schärfer abzugrenzen. Mit dieser Zielsetzung sei die Auffassung, für § 259 I StGB genüge auch die Absicht, den Vortäter zu bereichern, schwerlich in Einklang zu bringen.

§ 259 I StGB sei jedenfalls dann unanwendbar, wenn der Täter ausschließlich mit dem Ziel handelt, dem Vortäter den rechtswidrig erlangten Vermögensvorteil zu erhalten. Dies vermag zu überzeugen.

---

125 Vgl. BGH, Anfragebeschluss vom 14.05.2013 – 3 StR 69/13 = **juris**byhemmer = **Life&Law 01/2014, 24 ff.**

126 SCH-SCH/STREE, § 259 Rn. 49.

127 Vgl. SCH-SCH/STREE, § 259 Rn. 50; BGH, NJW 1979, 2621, 2622 [1.Senat] = **juris**byhemmer.

128 FISCHER, § 259 Rn. 17; LACKNER/KÜHL, § 259 Rn. 17.

129 NStZ 1995, 595 [4.Senat].

In solchen Fällen, in denen es ihm nicht darauf ankommt, mit seiner Hilfeleistung dem Vortäter einen über den Besitz der Sache hinausgehenden Vorteil oder Gewinn zu verschaffen, stellt sich die Tat somit regelmäßig als Begünstigung dar. Bei einem solchen Sachverhalt würde die Annahme von Hehlerei die Grenzen zwischen den Tatbeständen von § 257 I StGB und § 259 I StGB auflösen.[130]

hemmer-Methode: Eine so ausführliche Begründung und Wiedergabe der Entstehungsgeschichte kann von Ihnen in einer Klausur nicht verlangt werden. Die Hintergründe erleichtern es aber, den Streit zu verstehen.

C. Strafbarkeit des T als Teilnehmer

hemmer-Methode: Die hier vorgenommene Trennung zwischen der Strafbarkeit des T als Täter und als Teilnehmer hilft, eine Schachtelprüfung zu vermeiden. Ebenso wäre es aber möglich gewesen, gleich mit der Strafbarkeit des A zu beginnen und den Diebstahl des T „nachzuschieben“.

I. Anstiftung zur Begünstigung, §§ 257 I, 26 StGB

1. Eine vorsätzliche und rechtswidrige Haupttat des A nach § 257 I StGB liegt vor.

2. T hat bei A den Tatentschluss zur Begehung dieser Begünstigung hervorgerufen und handelte auch mit doppeltem Anstiftervorsatz.

3. Die Tat war rechtswidrig, und T handelte schuldhaft.

4. Der persönliche Strafausschließungsgrund des § 257 III S. 1 StGB (Beteiligung an der Vortat) greift nicht ein, da T einen an der Vortat *Unbeteiligten* zur Tat angestiftet hat (§ 257 III S. 2 StGB).

II. Anstiftung zur Strafvereitelung, §§ 258 I, 26 StGB

Unabhängig von der Frage, ob überhaupt eine teilnahmefähige Haupttat vorliegt (s.o.), scheidet eine Bestrafung des T wegen des persönlichen Strafausschließungsgrundes des § 258 V StGB aus, da T durch seine Handlung verhindern will, dass *er selbst* bestraft wird.

hemmer-Methode: Dieses Ergebnis ließe sich auch damit begründen, dass der Vortäter weder tauglicher Täter noch tauglicher Anstifter einer selbstbegünstigenden Strafvereitelung ist, da diese keinen „anderen“ i.S.d. § 258 StGB betrifft.

Insbesondere kann die (kriminalpolitisch ohnehin fragwürdige) Ausnahmeregelung des § 257 III S. 2 StGB nicht auf § 258 StGB übertragen werden.[131]

III. Hehlerei, § 259 I StGB

Eine Strafbarkeit wegen Hehlerei oder Anstiftung hierzu kommt für den Haupttäter nicht in Betracht, weil es aus Sicht des T an der Tat eines *anderen* fehlt.[132]

---

130 BGH, NStZ 1995, 595 = **juris**byhemmer.

131 Vgl. Fischer, § 258 Rn. 23; Wessels/ Hettinger, BT-1, Rn. 733.

132 Vgl. Fischer, § 259 Rn. 31.

2. Tatkomplex: Die Entsorgung des Pkws

Strafbarkeit des T

I. Hehlerei, § 259 I StGB

1. Bei dem PKW handelt es sich um einen Gegenstand, der aus einer rechtswidrigen Vortat des Z herrührt, wobei es für die Strafbarkeit des T insoweit gleichgültig ist, ob dabei ein Diebstahl oder eine Hehlerei des Z vorlag. Die Tatbestandsalternativen des Absetzens und der Absatz(-hilfe) scheiden hier von vornherein aus, da der PKW vernichtet wurde, also eine rechtsgeschäftliche Weitergabe weder erfolgte noch gewollt war.[133]

Daher kommt nur die Variante des Sich-Verschaffens in Betracht, § 259 I Var. 2 StGB.

Man könnte argumentieren, A habe sich den gestohlenen Wagen im Sinne von § 259 I StGB verschafft, weil er ihn von Z entgegengenommen habe, um ihn zu entsorgen.[134]

Allerdings kommt nach Ansicht des BGH eine Hehlerei in der Form des Sich-Verschaffens nur in Betracht, wenn der Vorbesitzer dem Täter die Verfügungsgewalt über die Sache zu eigenen Zwecken überträgt[135] und die Absicht des Täters dahin geht, über den ihm übergebenen Gegenstand als eigenen zu verfügen, ihn sich also zuzueignen.[136]

Hieran fehlt es, wenn der Vortäter einen anderen lediglich damit beauftragt, die rechtswidrig erlangte Sache der Entsorgung und damit der Vernichtung zuzuführen, und der andere diesen Auftrag annimmt und gegen Entgelt ausführt.

2. T hat damit keine Hehlerei begangen.

II. Strafvereitelung, § 258 I StGB

1. Die Beseitigung des Wagens war geeignet, die Strafverfolgung des Z zumindest für mehrere Wochen zu vereiteln bzw. zu erschweren. Eine Strafvereitelung i.S.v. § 258 I StGB liegt somit vor.

hemmer-Methode: Nach der Rechtsprechung genügt für eine gänzliche Strafvereitelung eine Verzögerung der Aburteilung auf geraume Zeit. Hierfür wird heute typischerweise eine Verzögerung um jedenfalls drei Wochen vorausgesetzt.[137]

2. T handelte vorsätzlich, rechtswidrig und schuldhaft.

3. T hat sich wegen Strafvereitelung strafbar gemacht.

3. Tatkomplex: Die Unterstützung des Mandanten

Strafbarkeit des A

I. Strafvereitelung durch Wegschaffen des Heroins, § 258 I StGB

1. Durch das Wegschaffen des Heroins könnte A vereitelt haben, dass B wegen einer Straftat nach dem BtMG bestraft wurde.

---

[133] Vgl. FISCHER, § 259 Rn. 18 ff.

[134] So die Vorinstanz bei BGH, NStZ 1995, 544 = **juris**byhemmer.

[135] FISCHER, § 259 Rn. 11.

[136] BGH, NStZ 1995, 544 = **juris**byhemmer.

[137] Vgl. FISCHER, § 258 Rn. 8.

Die Tathandlung ist bei der hier einschlägigen Verfolgungsvereitlung dann vollendet, wenn die Verhängung der Strafe *ganz oder teilweise* vereitelt wird.

Eine *endgültige* tatsächliche und rechtliche Verhinderung der Aburteilung ist nicht nötig, vielmehr genügt es, wenn dies für „geraume Zeit" verhindert wird.[138]

Dementsprechend ist der objektive Tatbestand des § 258 I StGB gegeben.

hemmer-Methode: Bei einem Rechtsanwalt sind bezüglich dieses Straftatbestandes wegen seiner beruflichen Stellung Besonderheiten zu beachten.[139] Hier werden aber die Grenzen eines zulässigen Handelns weit überschritten.

2. A handelte vorsätzlich, rechtswidrig und schuldhaft.

3. Möglicherweise ist A aber dennoch nicht gemäß § 258 I StGB strafbar, wenn der persönliche Strafausschließungsgrund des § 258 V StGB hier anwendbar ist.

Durch die der Strafvereitelung dienende Wegschaffung des Heroins aus der Wohnung des B wollte A zugleich die *eigene Strafverfolgung* vermeiden. Allerdings hatten die strafbare Tätigkeit des A und die Tat, wegen derer der B aktuell verfolgt wurde, nichts miteinander zu tun.

Doch ist anerkannt, dass § 258 V StGB auch dann anwendbar sein kann, wenn es sich um verschiedene Vortaten handelt. Straffrei kann deshalb auch sein, wer einem anderen hilft, weil dieser ihn sonst anzeigen will.[140]

4. A hat sich nicht wegen Strafvereitelung gemäß § 258 StGB strafbar gemacht.

II. Strafvereitelung durch Bezahlen der Geldstrafe, § 258 II StGB

1. In Betracht kommt die Vollstreckungsvereitelung nach § 258 II StGB. Die wohl früher h.L. ging von dessen Verwirklichung aus, da die Geldstrafe den Verurteilten persönlich treffen soll, was insbesondere auch in der Einführung der Tagessatzsystematik (§§ 40 ff. StGB) zum Ausdruck komme.

Dieser Zweck würde nicht erreicht, wenn ein anderer diese Zahlung unmittelbar aus seinem Vermögen vornehmen dürfte.[141]

Der BGH hat dieser Rechtsauffassung jedoch eine Absage erteilt. Er stellt dabei insbesondere auf den Wortlaut der §§ 459 ff. StPO in Verbindung mit dem Justizbeitreibungsgesetz ab. Das hierin geäußerte Vollstreckungsziel sei einzig die Durchsetzung der Zahlung. Die persönliche Betroffenheit könne dagegen nicht mit Vollstreckungsmaßnahmen durchgesetzt werden. Folglich könne aufgrund des eindeutig formulierten Vollstreckungszieles auch nicht von einer Vollstreckungsvereitelung gesprochen werden.[142]

Des Weiteren sei es mit dem Wortlaut des § 258 StGB nicht vereinbar, denjenigen wegen Vollstreckungsvereitelung zu bestrafen, der einem Verurteilten das bezahlte Geld schenkweise ersetzt. Dann aber sei es formalistisch und unsinnig, die direkte Bezahlung unter Strafe zu stellen, was nur zu Umgehungshandlungen mit dem gleichen Erfolg führe.

2. A hat sich im 3. Tatkomplex nicht nach § 258 I StGB strafbar gemacht.

---

138 FISCHER, § 258 Rn. 8.

139 Vgl. FISCHER, § 258 Rn. 16 ff.

140 BGH, NJW 1995, 3264 m.w.N.; vgl. auch FISCHER, § 258 Rn. 34 = **juris**byhemmer.

141 Vgl. SCH-SCH/STREE, § 258 Rn. 28.

142 Vgl. BGHSt 37, 222.

Zusammenfassung

1. Tatkomplex: Die Bruderhilfe

A. Strafbarkeit des T als Täter, § 242 I StGB (+)

B. Strafbarkeit des A

I. § 257 I StGB (+)

II. § 258 I StGB (-)
Es greift das Angehörigenprivileg, § 258 VI StGB

III. § 259 I StGB

Bei Absatzhilfe Eintritt des Erfolgs erforderlich; Bereicherungsabsicht einzig zugunsten des Vortäters aber nicht ausreichend

C. Strafbarkeit des T als Teilnehmer

I. §§ 257 I, 26 StGB (+), vgl. auch § 257 III S. 2 StGB

II. §§ 258 I, 26 StGB (-)

III. § 259 I StGB (-)

2. Tatkomplex: Die Entsorgung des Pkws

Strafbarkeit des T

I. § 259 I StGB (-)
Kein Sich-Verschaffen bei Entgegennahme nur zur Entsorgung

II. § 258 I StGB (+)

3. Tatkomplex: Die Unterstützung des Mandanten

Strafbarkeit des A

I. § 258 I StGB (-)
Strafausschließungsgrund des § 258 V StGB

II. § 258 II StGB (-)

Keine Vollstreckungsvereitelung bei Bezahlung einer fremden Geldstrafe

Fall 6

Sachverhalt:

Anton und Gustav führen absichtlich einen Auffahrunfall auf einer einsamen Landstraße herbei, indem Anton, der den vorderen Wagen fährt, plötzlich stark abbremst. Mit Hilfe dieses fingierten Unfalls wollen die beiden die Versicherungssumme aus der Kaskoversicherung des auffahrenden Wagens kassieren. Das Vorhaben der beiden gelingt, woraufhin sie froh gelaunt von dannen fahren. Eine Versicherungsprämie haben die beiden allerdings noch nicht beantragt.

Am selben Abend entschließen sie sich, den ihnen bekannten Rudi Voll zu überfallen und zu berauben. Sie verstecken sich in der Nähe der Gaststätte, in der sich Rudi häufig aufhält, hinter einem Bus. Als Rudi sich mit seinem Mofa nähert, springen beide hinter dem Bus hervor. Anton bringt Rudi verabredungsgemäß zu Fall, indem er mit dem Fuß gegen das fahrende Mofa tritt. Während Anton den leicht verletzt am Boden liegenden Rudi festhält, durchsucht ihn Gustav und nimmt ihm die Brieftasche weg, in der sich 2.000 € befinden. Dann flüchten Anton und Gustav. Das Geld wird zwischen ihnen wie geplant aufgeteilt.

Um die erfolgreichen Projekte zu feiern, gehen die beiden anschließend auf Kneipentour. Als Anton nach Verlassen der Kneipe gerade den Zündschlüssel ins Schloss seines Pkws gesteckt und Gustav auf dem Beifahrersitz Platz genommen hat, werden die beiden von einem Polizisten an der Aufnahme der Fahrt gehindert. Anton hatte eine BAK von 1,5 Promille.

Bearbeitervermerk:

Wie haben sich Anton (A) und Gustav (G) nach dem StGB strafbar gemacht?

Lösung:

1. Tatkomplex: Der inszenierte Verkehrsunfall

Strafbarkeit von A und G

hemmer-Methode: Die Straßenverkehrsdelikte haben große praktische Bedeutung und auch nicht unerhebliche Klausurrelevanz, zumal sie einige interessante dogmatische Probleme beinhalten.

I. Gefährlicher Eingriff in den Straßenverkehr, §§ 315b I, 25 II StGB

1. A und G könnten sich wegen eines mittäterschaftlich begangenen gefährlichen Eingriffes in den Straßenverkehr strafbar gemacht haben.

Als Tathandlung kommt das Zerstören bzw. Beschädigen von Fahrzeugen gemäß § 315b I Nr.1 StGB oder eine Handlung nach Nr. 2 bzw. Nr. 3 in Frage, und zwar durch die Herbeiführung des Auffahrunfalls.

Die Variante des § 315b I Nr. 1 StGB kommt aber nur in Betracht, wenn *die Beschädigung* die Beeinträchtigung der Sicherheit des Straßenverkehrs und die Gefahr des § 315b I StGB *begründet*.

Wenn aber die Beschädigung des Fahrzeuges schon die *Realisierung* einer durch eine Tathandlung nach § 315b I Nr. 2 oder Nr. 3 StGB verursachten Gefahr darstellt, sind allein diese Tatbestandsvarianten anzuwenden.[143]

Insoweit fehlt es bezüglich § 315b I Nr. 1 StGB bereits an einer tauglichen Tathandlung.

Als nächstes käme durch das Abbremsen die Tathandlung des Hindernisbereitens gemäß § 315b I Nr. 2 StGB bzw. die des ebenso gefährlichen Eingriffs gemäß § 315b I Nr. 3 StGB in Betracht.

Ein Eingriff i.d.S. liegt vor: Zu beachten ist allerdings, dass der Tatbestand der Vorschrift bei bloß vorschriftswidrigem Verkehrsverhalten grundsätzlich unanwendbar ist, da andernfalls die abschließende Regelung des § 315c StGB umgangen würde.

Nur ausnahmsweise kann § 315b StGB in solchen Fällen gegeben sein. Es muss sich um einen verkehrsfremden (verkehrsfeindlichen) Vorgang handeln, bei dem ein Verkehrsteilnehmer einen Verkehrsvorgang praktisch zu einem Eingriff in den Straßenverkehr pervertiert.[144]

Bei einem absichtlichen Unfall kann man derartiges grds. annehmen. Da A und G dies im bewussten und gewollten Zusammenwirken vollzogen haben, liegt eine mittäterschaftliche Begehung vor.

Dieser Eingriff hat auch zu einer abstrakten Beeinträchtigung der Sicherheit des Straßenverkehrs geführt.

[143] BGH, NJW 1991, 1120 m.w.N. = **juris**byhemmer.

[144] Fischer, § 315b Rn. 9a m.w.N. Zur besseren Abgrenzung von § 315b StGB und § 315c StGB fordert der BGH im Rahmen des § 315b StGB einen „Schädigungsvorsatz" des Täters, siehe BGH, NJW 2003, 1613 ff. = **juris**byhemmer.

Erforderlich wäre weiterhin die Verwirklichung einer konkreten Gefahr für die Verkehrsteilnehmer als Folge der Tathandlung und der Beeinträchtigung der Verkehrssicherheit.[145]

Da der betroffene Wagen sogar beschädigt (oder zerstört) werden sollte, kann auch dies bei vorsätzlichen Zusammenstößen grds. angenommen werden. Allerdings muss dann etwas anderes gelten, wenn es - wie hier - nicht um die absichtliche Beschädigung eines *dritten* Fahrzeuges geht, sondern lediglich die beiden Tatbeteiligten sowie deren Fahrzeuge gefährdet werden. Für diesen Fall lehnt der BGH[146] zu Recht die Anwendung des § 315b StGB ab, wenn nicht weitere Fahrzeuge konkret gefährdet werden. Denn die Fahrzeuge sind vorliegend Tatmittel und können somit nicht zeitgleich geschützte Vermögensobjekte darstellen.

Daher müssen § 315b I Nr. 2 und Nr. 3 StGB bei einem einverständlich herbeigeführten „Unfall" ausscheiden.

Eine *abstrakte* Gefahr für andere Verkehrsteilnehmer oder Sachen, wie sie hier möglicherweise nahe liegt, reicht wiederum für die Bejahung des konkreten Gefährdungsdelikts nicht aus.[147]

hemmer-Methode: Beachten Sie das Parallelproblem in der Rspr. des BGH zu § 315c StGB. Nach der Rspr. genügt es für § 315c StGB nicht, dass sich ein Beifahrer während einer „ereignislosen" Trunkenheitsfahrt mit im Wagen befindet, da dadurch zwar eine (auch einige Zeit andauernde) abstrakte, aber keine konkrete Gefahr eintritt.[148]

[145] Fischer, § 315b Rn. 17 u. 17a.

[146] Etwa BGH, NJW 1991, 1120 = **juris**byhemmer.

[147] BGH, NJW 1991, 1120 = **juris**byhemmer.

[148] Vgl. BGHSt 23, 261 = **juris**byhemmer; ebenso Fischer, § 315c Rn. 15a.

Auch hinsichtlich der möglichen Gefährdungsobjekte findet sich in § 315c StGB eine Parallele zum vorliegenden Fall: Zwar soll nicht jeder Mitfahrer, wohl aber ein Teilnehmer (§§ 26, 27 StGB) aus dem Schutzbereich des § 315c StGB herausfallen.

2. A und G haben sich daher nicht nach § 315b StGB strafbar gemacht.

II. Gefährdung des Straßenverkehrs, §§ 315c I, 25 II StGB

Die Gefährdung des Straßenverkehrs scheitert bereits daran, dass keine der in § 315c I Nr. 2 StGB aufgeführten besonders gefährlichen Verkehrsverstöße verwirklicht wurden.

hemmer-Methode: Achten Sie darauf, dass § 315c StGB als eigenhändiges Delikt (anders als § 315b StGB!) strukturell überhaupt nur in Fällen wie dem vorliegenden mittäterschaftlich begangen werden könnte, in denen beide Beteiligte jeweils ein Fahrzeug führen.

III. Unerlaubtes Entfernen vom Unfallort, §§ 142 I, 25 II StGB

Zwar waren sowohl G als auch A eindeutig *Unfallbeteiligte*. Der hier vorliegende Verzicht aller Unfallbeteiligten auf die notwendigen Feststellungen lässt allerdings schon den Tatbestand, zumindest aber die Rechtswidrigkeit[149] entfallen. Denn alleiniges Schutzgut des § 142 StGB ist das private Feststellungsinteresse, mit anderen Worten das Interesse des Geschädigten, sich beim Unfallverursacher schadlos halten zu können.[150]

[149] Str.; vgl. FISCHER, § 142 Rn. 30 ff.

IV. Versicherungsmissbrauch, §§ 265 I, 25 II StGB

G und A beschädigten vorsätzlich aufgrund eines gemeinsamen Tatentschlusses im arbeitsteiligen Zusammenwirken eine gegen Beschädigung versicherte Sache, um sich Leistungen aus der Versicherung zu verschaffen, und haben damit den Tatbestand der §§ 265 I, 25 II StGB verwirklicht.

hemmer-Methode: Achten Sie darauf, dass § 265 StGB nur den Fall erfasst, in dem die Kaskoversicherung als Sachversicherung missbraucht werden soll. Hätten die Täter dagegen vor, die Haftpflichtversicherung des Schädigers zu betrügen, ginge es nicht um „Leistungen aus der Versicherung“ im Sinne von § 265 StGB. Erforderlich ist als taugliches Tatobjekt eine spezifisch versicherte Sache. Dies ist bei der allgemein greifenden Haftpflichtversicherung des Schädigers nicht der Fall.

V. Sachbeschädigung, §§ 303 I, 25 II StGB

Eine Sachbeschädigung des bzw. der beschädigten Wägen ist schon wegen der Einwilligung gerechtfertigt, die zwangsläufig in der Verabredung des Unfalls liegt.

hemmer-Methode: Gerade Strafrechtsklausuren sind oft „Rennfahrer-Klausuren“, in denen viele Tatbestände „abgeklappert“ werden müssen.

[150] Beim Versicherer entsteht durch den Unfall kein „unmittelbarer“ Schaden, vgl. FISCHER, § 142 Rn. 12.

Dies kann Ihnen (gerade in den zeitlichen Grenzen einer Klausur) nur optimal gelingen, wenn Sie einerseits ein gewisses Fingerspitzengefühl dafür entwickeln, welche Tatbestände „noch angeprüft" werden sollten, andererseits in der Klausur einen Weg finden, die nicht einschlägigen Tatbestände mit dem jeweils schlagenden Argument kurz abzulehnen.

VI. Versuchter Betrug, §§ 263 I, 22, 23 I, 25 II StGB

Auch ein versuchter Betrug lag bei diesen Tathandlungen *noch* nicht vor. Es fehlt zumindest am unmittelbaren Ansetzen, da das Vermögen der Versicherung durch diese Tat noch in keiner Weise gefährdet ist. Es bedarf dazu noch weiterer Handlungen, so dass es sich um eine bloße Vorbereitungshandlung handelt.

hemmer-Methode: Beachten Sie beim Vortäuschen eines Versicherungsfalls § 263 III S. 2 Nr. 5 StGB. Dieses Regelbeispiel ist jedoch nur dann einschlägig, wenn eine Sache von bedeutendem Wert in Brand gesetzt oder durch eine Brandlegung ganz oder teilweise zerstört oder ein Schiff zum Sinken oder Stranden gebracht wurde.

Auch über § 30 II StGB lässt sich eine Strafbarkeit von A und G nicht begründen, da der anvisierte Betrug kein Verbrechen ist, vgl. §§ 263 I, 12 II StGB.

VI. Ergebnis

A und G haben sich im 1. Tatkomplex allein aus § 265 I StGB strafbar gemacht.

2. Tatkomplex: Der Überfall auf Rudi

Strafbarkeit von A und G

I. Gefährlicher Eingriff in den Straßenverkehr in Mittäterschaft, § 315b I Nr. 2, III i.V.m. § 315 III Nr. 1b, 25 II StGB

1. Beim Überfall auf R könnten sich A und G wegen eines mittäterschaftlich begangenen gefährlichen Eingriffs in den Straßenverkehr strafbar gemacht haben.

Durch das Zu-Fall-Bringen des R durch den Tritt mit dem Fuß gegen das fahrende Mofa wurde ein Hindernis bereitet i.S.v. § 315b I Nr. 2 StGB, nämlich ein Vorgang herbeigeführt, der geeignet ist, durch körperliche Einwirkung den regelmäßigen Verkehr zu hemmen oder zu verzögern.[151]

Der Eingriff führte zu einer abstrakten Gefährdung des Straßenverkehrs und zu einer konkreten Gefährdung des R.

hemmer-Methode: Nach der Rechtsprechung des BGH ist keine besondere zeitliche „Abfolge" zwischen der Tathandlung um der konkreten Gefährdung erforderlich. Es reicht aus, wenn die Tathandlung unmittelbar zu einer konkreten Gefahr oder Schädigung führt, sofern dieser Erfolg sich als Steigerung der geschaffenen abstrakten Gefahr darstellt.[152] Dies kann vorliegend deshalb bejaht werden, weil der Tritt gegen das Mofa als abstrakte Gefahr unmittelbar anschließend zu einer Gefährdung des Fahrers R bei dessen Sturz führte.[153]

---

[151] Vgl. FISCHER, § 315b Rn. 7.

[152] Vgl. BGHSt 48, 119 ff. = jurisbyhemmer.

[153] Andere Ansicht vertretbar.

Die Tathandlung, nämlich der Tritt mit dem Fuß gegen das Mofa, wurde zwar von A allein begangen. Doch wäre sie G zurechenbar, wenn sie unter den Voraussetzungen der Mittäterschaft erfolgte.

Folgt man der subjektiven Theorie, ergibt sich die Mittäterschaft aus dem gemeinschaftlichen Tatentschluss, wonach auch G die Tat unter Mitwirkung des A als eigene gewollt hat und im weiteren Tatverlauf eigene Tatbeiträge leistete.

Folgt man der h.M., die auf das Kriterium der gemeinsamen Tatherrschaft abstellt, so ergibt sich hieraus nichts anderes: A und G handelten aufgrund eines gemeinsam gefassten Tatplanes, und es leistete jeder von ihnen im Ausführungsstadium eigene Tatbeiträge, wobei man nicht nur die Tat des § 315b StGB isoliert betrachten kann, so dass hier nach allen Meinungen A und G mittäterschaftlich handelten. Die Tatbeiträge des einen können daher dem anderen jeweils zugerechnet werden, soweit sie sich im Rahmen des gemeinsamen Tatplanes bewegen.

Hier bezog sich der Tatplan darauf, R zu überfallen, wobei man, um dies zu ermöglichen, arbeitsteilig vorgehen wollte.

Damit ist das Handeln des A auch G zurechenbar.

2. A und G handelten vorsätzlich und aufgrund des gemeinsam gefassten Tatentschlusses.

Ihr Vorsatz bezog sich auch auf die Herbeiführung der Gefahr für R, so dass ein vorsätzlicher gefährlicher Eingriff in den Straßenverkehr vorliegt.

Die Tat würde sich als Verbrechen darstellen, wenn A und G unter den Voraussetzungen der §§ 315b III, 315 III Nr. 1b StGB gehandelt hätten. Dies ist der Fall, weil A und G beabsichtigten, den R zu berauben. Damit sollte eine *andere* Straftat ermöglicht werden.

3. Die Tat war auch rechtswidrig und schuldhaft

4. A und G haben sich wegen eines Verbrechens des gemeinschaftlichen gefährlichen Eingriffs in den Straßenverkehr gem. § 315b I Nr. 2, III i.V.m. § 315 III Nr. 1b, 25 II StGB strafbar gemacht.

II. Raub in Mittäterschaft, §§ 249 I, 25 II StGB

1. A und G könnten ferner mittäterschaftlich einen Raub begangen haben. Bei der Brieftasche mit den darin befindlichen 2.000 € handelt es sich um fremde bewegliche Sachen.

Indem G dem R die Brieftasche weggenommen hat, hat er den Gewahrsam des R gebrochen und eigenen Gewahrsam daran begründet. Diese Wegnahme wurde zwar von G allein begangen, doch ist sie A zurechenbar, da G und A arbeitsteilig vorgegangen sind. A hat den R festgehalten und es hierdurch dem G ermöglicht, das Geld wegzunehmen.

Die Gewaltanwendung durch Festhalten des R, die seitens des A erfolgte, ist G ebenso zuzurechnen. Da sie zum Zwecke der Wegnahme erfolgte, besteht auch die für § 249 I StGB erforderliche finale Verknüpfung von Nötigung und Wegnahme.

hemmer-Methode: Hier handelt es sich um einen typischen Fall der Mittäterschaft, in dem der objektive Tatbestand erst durch das Handeln beider Mittäter gemeinsam erfüllt wird. Deshalb ist es hier nicht nur klausurökonomischer, sondern nahezu unumgänglich, beide Mittäter gemeinsam zu prüfen.

2. A und G handelten vorsätzlich und in der Absicht, sich das Geld rechtswidrig zuzueignen. Sie handelten weiterhin aufgrund eines gemeinsam gefassten Tatentschlusses.

3. Die Tat war auch rechtswidrig und schuldhaft.

4. A und G haben sich aufgrund ihres Verhaltens nach §§ 249 I, 25 II StGB strafbar gemacht. Dafür, dass R durch den Sturz in die Gefahr einer schweren Gesundheitsschädigung nach § 250 I Nr. 1c StGB kam, fehlen vorliegend hinreichende Anhaltspunkte.

III. Räuberische Erpressung in Mittäterschaft, §§ 253 I, 255, 25 II StGB

Folgt man dem BGH, der für das Vorliegen einer Erpressung keine Vermögensverfügung des Opfers verlangt, so liegt in dem Handeln von A und G auch eine schwere räuberische Erpressung, weil R zur Duldung der Wegnahme seiner Brieftasche mit Raubmitteln genötigt wurde. Da sich der Vorgang jedoch als „Nehmen" und nicht als „Geben" darstellt, tritt die räuberische Erpressung auch nach Ansicht des BGH hinter dem spezielleren Raub zurück. Ein Streitentscheid kann somit vorliegend dahinstehen.

IV. Gefährliche Körperverletzung in Mittäterschaft, §§ 223, 224 I, 25 II StGB

1. R wurde durch das Zu-Fall-Bringen verletzt, so dass er eine Gesundheitsschädigung erlitten hat und körperlich misshandelt wurde.

Diese Körperverletzung könnte mittels eines hinterlistigen Überfalls begangen worden sein, § 224 I Nr. 3 StGB.

Überfall ist ein Angriff auf den Verletzten, dessen er sich nicht versieht und auf den er sich nicht vorbereiten kann.

Hinterlistig ist der Überfall, wenn sich die Absicht des Täters, dem anderen die Verteidigungsmöglichkeit zu erschweren, äußerlich manifestiert.[154]

Da jedoch die bloße Ausnutzung der Überraschung noch nicht genügt, liegt allein im unerwarteten Angriff auf das Opfer noch kein hinterlistiger Überfall.

Da A und G als Mittäter handelten, ist die Körperverletzung jedoch von mehreren *gemeinschaftlich* begangen worden, § 224 I Nr. 4 StGB.

2. A und G handelten vorsätzlich und aufgrund gemeinsamen Tatentschlusses.

3. Die Tat war rechtswidrig und schuldhaft

4. A und G haben sich wegen einer gemeinschaftlich begangenen gefährlichen Körperverletzung gemäß §§ 223, 224 I Nr. 4, 25 II StGB strafbar gemacht.

V. Räuberischer Angriff auf Kraftfahrer in Mittäterschaft, §§ 316a I, 25 II StGB

1. Fraglich ist zunächst, ob R als Fahrer eines Mofas, also eines von Maschinenkraft angetriebenen Fahrrades mit Hilfsmotor mit einer bauartbedingten Höchstgeschwindigkeit von nicht mehr als 25 km/h, überhaupt als Führer eines Kraftfahrzeuges i.S.d. § 316a I StGB anzusehen ist und damit unter den Schutz des § 316a I StGB fällt.

Dies ist mit der Rechtsprechung zu bejahen, da Kraftfahrzeuge nach dem verallgemeinerungsfähigen Rechtsgedanken des § 248b IV StGB alle durch Maschinenkraft angetriebenen, nicht an Gleise gebundenen Landfahrzeuge sind. Hierzu gehört auch das Mofa.

[154] Vgl. FISCHER, § 224 Rn. 10.

Darüber hinaus ist auch nach Sinn und Zweck der Vorschrift keine Beschränkung des Schutzbereichs der Norm auf die Fahrer oder Beifahrer bestimmter Kraftfahrzeuge geboten.

Gerade die Gefahrenlage, deren Zunutzemachen zu bestimmten Zwecken in § 316a I StGB bestraft wird, besteht bei Angriffen gegen Führer motorisierter Zweiräder in gleicher Weise. Der Fahrer eines Zweirades erscheint insoweit sogar noch schutzbedürftiger als der Führer eines anderen Kraftfahrzeuges.

Auch die Tatsache, dass heutzutage moderne Fahrräder leicht eine höhere Geschwindigkeit entwickeln können, führt nicht zur Einschränkung des Schutzbereichs.

Damit ist R als Führer eines Kraftfahrzeuges i.S.v. § 316a I StGB anzusehen.

A und G haben in bewusstem und gewolltem Zusammenwirken durch das Hindernisbereiten den R genötigt, also einen Angriff auf dessen Entschlussfreiheit geführt.

Dies geschah unter Ausnutzung der besonderen Verhältnisse des Straßenverkehrs zur Begehung eines Raubes. Hierzu gehören auch die Fälle, in denen durch das Bereiten von Hindernissen das Anhalten erzwungen wird, um sodann einen Raub zu begehen.[155] Gerade bei einem Zweirad ist auch die eingeschränkte Standstabilität ein Faktor, der die Anfälligkeit gegen Überfälle auf den Verkehrsteilnehmer erhöht.

2. A und G handelten vorsätzlich und aufgrund gemeinsam gefassten Tatentschlusses.

3. Die Tat war rechtswidrig und auch schuldhaft, so dass A und G nach §§ 316a I, 25 II StGB zu bestrafen sind.

155 BGH, NJW 93, 2630 m.w.N. = **juris**byhemmer.

hemmer-Methode: Da R nur leicht verletzt wurde, scheidet eine Verwirklichung des § 221 StGB von vornherein aus.

VI. Konkurrenzen

Der in Mittäterschaft begangene Raub steht zu der ebenfalls verwirklichten gefährlichen Körperverletzung in Tateinheit, denn die Gewaltanwendung bei § 249 StGB muss nicht notwendigerweise in einer Körperverletzung bestehen.[156] Auch im Verhältnis zu § 316a StGB besteht Idealkonkurrenz, da dieses Delikt mit überschießender Innentendenz die Vollendung des Raubes nicht voraussetzt, so dass die tatsächliche Verletzung des Rechtsguts im Urteilstenor klargestellt werden muss.[157]

Schließlich steht auch § 315b I Nr. 2 StGB zu den übrigen Vorschriften in Tateinheit.

3. Tatkomplex: Der Fahrversuch

Strafbarkeit des A

I. Trunkenheit im Straßenverkehr, § 316 I StGB

1. A befand sich im Zustand der *absoluten Fahruntüchtigkeit*, da er mehr als 1,1 Promille BAK hatte.[158]

Problematisch ist das Tatbestandsmerkmal des *Führens eines Fahrzeugs.* Dieser Begriff ist enger als die Teilnahme am Verkehr. Erforderlich ist, dass jemand ein Fahrzeug in Bewegung setzt oder es unter Handhabung seiner technischen Vorrichtungen während der Fahrbewegung lenkt.[159]

156 SCH-SCH/ESER, § 249 Rn. 13.

157 SCH-SCH/CRAMER, § 316a Rn. 15.

158 Vgl. FISCHER, § 316 Rn. 24 ff.

159 FISCHER, § 315c Rn. 3a.

Man könnte vertreten, dass für die Vollendung der Tat schon genüge, wenn der Täter beim Einstecken der Zündschlüssel gestellt werde. Für diese Auffassung sprechen jedoch allenfalls präventiv-polizeiliche Gesichtspunkte.

Dogmatisch ist diese Ansicht aber nicht haltbar. Vielmehr ist der Rechtsprechung zuzustimmen, die zumindest ein *Anrollen der Räder* für erforderlich hält.[160]

Denn § 316 I StGB erfordert als abstraktes Gefährdungsdelikt zur Tatbestandsverwirklichung eine abstrakte Gefahr. Eine solche besteht aber nicht, solange das Auto nicht wenigstens rollt. Der Versuch des § 316 I StGB wurde vom Gesetzgeber bewusst straflos gelassen (Vergehen, vgl. §§ 23 I, 12 II StGB). Die Vorverlagerung der Strafbarkeit, welche die Gegenmeinung hier durchführt, ist damit eine Umgehung dieser gesetzgeberischen Entscheidung.

2. A hat sich aufgrund seines Verhaltens nicht nach § 316 I StGB strafbar gemacht.

II. Versuchte Straßenverkehrsgefährdung, §§ 315c I Nr. 1a, 22, 23 I StGB

1. Ein vollendetes Delikt muss aus den eben genannten Argumenten abgelehnt werden. Im Übrigen wäre hier keinesfalls die notwendige *konkrete* Gefahr für eine Person oder eine Sache von bedeutendem Wert gegeben.

2. Gemäß § 315c II StGB ist der Versuch in den Fällen des § 315c I Nr. 1 StGB strafbar.

[160] BGHSt 35, 392; NJW 1989, 723; BayObLG, NZV 1989, 242; **alle Entscheidungen** = **juris**byhemmer.

3. Fraglich ist aber der *Tatentschluss* des A. Er müsste zumindest bedingten Vorsatz hinsichtlich sämtlicher Umstände des objektiven Tatbestandes des § 315c I Nr. 1a StGB gehabt haben.

Dabei wäre schon der Vorsatz bezüglich der Fahruntüchtigkeit fraglich, wenn er sich etwa auf die übliche Behauptung einlässt, er habe beim Trinken nicht so auf die Menge geachtet und sich noch unterhalb der Grenze absoluter Fahruntüchtigkeit geglaubt.

Zudem ist problematisch, ob man A Vorsatz bezüglich einer konkreten Gefährdung nachweisen kann.

Eine konkrete Gefährdung liegt dann vor, wenn die Person oder Sache so stark beeinträchtigt ist, dass es nur noch *vom Zufall abhängt*, ob eine Verletzung eintritt. Ein solcher Zufall ist bei Unbeherrschbarkeit des Gefährdungsverlaufs anzunehmen.

Der BGH hatte in seiner früheren Rspr.[161] bei bloßer Anwesenheit eines Beifahrers (der allerdings nicht Teilnehmer i.S.d. §§ 26, 27 StGB sein darf) eine konkrete Gefährdung angenommen. Der Beifahrer sei in einer akuten Gefahrenlage, weil er sich im Zentrum des Geschehens befinde.

Diese Meinung ist mit Teilen der Lit. und dem BayObLG[162] abzulehnen und wurde auch vom BGH aufgegeben.[163]

Sie differenziert nicht sauber zwischen qualitativer und quantitativer Gefährdung. Ein (u.U. angeschnallter) Mitfahrer in einem (u.U. großen) PKW ist nicht *mehr* gefährdet, als ein Fußgänger am Straßenrand, sondern nur *länger*.

[161] BGH, NJW 1989, 1227 = **juris**byhemmer.

[162] BayObLG, NJW 1990, 133; 848; ebenso OLG Köln, NJW 1991, 3291.

[163] BGH, NJW 95, 3131 = **juris**byhemmer.

Bei letzterem aber ist klar, dass eine konkrete Gefährdung nur bei Eintreten einer kritischen Verkehrssituation vorliegen kann.

Letztlich würde also von der Dauer der Gefährdung auf deren Qualität geschlossen. Aber auch eine lange abstrakte Gefahr ist noch keine konkrete. Daher kann man allein aus dem Wissen um das Vorhandensein eines Beifahrers noch keinen konkreten Gefährdungsvorsatz des A annehmen. Denn ein bewusstes Inkaufnehmen von kritischen Verkehrssituationen kann ihm nicht unterstellt werden.

4. Mangels Tatentschlusses hat sich A auch nicht wegen einer versuchten Straßenverkehrsgefährdung strafbar gemacht.

III. Ergebnis

A bleibt im 3. Tatkomplex straflos.

hemmer-Methode: Damit scheidet per se auch eine mögliche Teilnehmerstrafbarkeit des G aus.

Zusammenfassung

1. Tatkomplex: Der inszenierte Verkehrsunfall

Strafbarkeit von A und G

I. §§ 315b I, 25 II StGB (-)
Keine konkrete Gefährdung

II. §§ 315c I, 25 II StGB (-)
Kein entsprechender Verkehrsverstoß

III. §§ 142 I, 25 II StGB (-)
Verzicht auf Feststellungen seitens der Unfallbeteiligten

IV. § 265 I StGB (+)
Kaskoversicherung als Sachversicherung

V. §§ 303 I, 25 II StGB (-)
Wegen Einwilligung

VI. §§ 263 I, 22, 25 II StGB (-)
Kein unmittelbares Ansetzen

2. Tatkomplex: Der Überfall auf Rudi

Strafbarkeit von A und G

I. § 315b I Nr. 2, III i.V.m. §§ 315 III Nr. 1b, 25 II StGB (+)

II. §§ 249 I, 25 II StGB (+)

III. §§ 253 I, 255, 25 II StGB (-)
Nach Lit. (-), nach BGH zwar (+), aber von §§ 249 I, 25 II StGB verdrängt

IV. §§ 223, 224 I, 25 II StGB (+)

V. §§ 316a I, 25 II StGB (+)

Auch und insbesondere bei motorisierten Zweirädern möglich

VI. Konkurrenzen

3. Tatkomplex: Der Fahrversuch

Strafbarkeit des A

I. § 316 I StGB (-)

Anrollen der Räder erforderlich; Versuch nicht strafbar

II. §§ 315c I Nr. 1a, 22 StGB (-)

Kein Vorsatz bzgl. konkreter Gefahr allein aufgrund des Vorhandenseins eines Beifahrers; Vorsatz hinsichtl. sonstiger Gefährdung nicht ersichtlich

Fall 7

Sachverhalt:

Anton Müller wohnt mit seiner Ehefrau Thea in einer alten ehemaligen Mühle. Das allein gelegene Anwesen ist in beklagenswertem Zustand. Als Mieter für das Obergeschoss konnte daher nur das Ehepaar Grün gewonnen werden, das des Stadtlebens schon lange überdrüssig war. Im Untergeschoss wohnt das Ehepaar Müller notgedrungen selbst. Da die Mühle unter Denkmalschutz steht, ist ein Verkauf bisher auch an den notwendigen hohen Renovierungskosten gescheitert. Doch die Müllers möchten endlich in einer komfortablen Wohnung leben. Daher planen sie, die Mühle in Brand zu setzen, um mit der hohen Versicherungssumme aus der Feuerversicherung eine Eigentumswohnung in der Stadt zu kaufen. Dies soll geschehen, sobald die Eheleute Grün für längere Zeit verreist sind.

Als das Ehepaar Grün kurz darauf an einem Wochenende bei Bekannten weilt, vergewissern sich Anton und Thea, dass sich außer ihnen niemand im Haus aufhält, und schütten dann beide jeweils einen Kanister Benzin auf die bereits morsche Treppe des Hauses. Als Anton ein Streichholz entzündet, um das Benzin in Brand zu setzen, entwickelt sich nicht, wie erwartet, ein Feuer; vielmehr ereignet sich, für beide überraschend, eine gewaltige Explosion, weil sich die inzwischen entstandenen Benzindämpfe entzündet haben. Das Haus stürzt in sich zusammen. Herabstürzende Gebäudeteile erschlagen Thea und begraben sie unter den Trümmern. Jetzt kommt es Anton, der sich unverletzt hat retten können, nicht mehr auf die Versicherungssumme an. Er will nur noch verhindern, dass man ihn wegen des Todes von Thea zur Verantwortung ziehen kann. Um die Spuren der Explosion zu verwischen, zündet er eine Benzinlache an. Das rasch um sich greifende Feuer vernichtet die Reste des Hauses, und die Leiche der Thea verbrennt bis zur Unkenntlichkeit.

Feuerwehrmann Schlauch der inzwischen eingetroffenen Feuerwehr wird durch einen herabstürzenden Balken am Fuß verletzt. Nachbar Neu, der von seinem Haus aus den Feuerschein gesehen hat, eilt herbei und lässt sich von der Feuerwehr nicht davon abhalten mitzuhelfen. Dabei wird er von einem herabfallenden Ziegel getroffen und verletzt. Anton erstattet am nächsten Tag bei der Polizei Anzeige gegen Unbekannt wegen Brandstiftung. Seiner Versicherung meldet er den „Schadensfall“ und bittet um Auszahlung der Versicherungssumme. Die Versicherung wartet jedoch die polizeiliche Untersuchung des Brandes ab.

Bearbeitervermerk:

Prüfen Sie die Strafbarkeit von Anton. Auf eine etwaige Strafbarkeit wegen besonders schwerer Brandstiftung gem. § 306b II StGB ist nicht einzugehen.

Lösung

Strafbarkeit des A

1. Tatkomplex: Das Anzünden des ersten Streichholzes durch A

I. Schwere Brandstiftung, § 306a I Nr. 1 StGB

1. A könnte sich durch das Anzünden des Streichholzes wegen schwerer Brandstiftung nach § 306a I Nr. 1 StGB strafbar gemacht haben.

Tatobjekt des § 306a I Nr. 1 StGB ist ein Gebäude, welches zur Wohnung von Menschen dient. Auch ein bewohntes Mühlengebäude erfüllt grundsätzlich diese Voraussetzung. Entscheidend ist, dass das Gebäude tatsächlich als Wohnung benutzt wird. Das ist hier grundsätzlich der Fall. Unerheblich ist, ob sich die Bewohner zur Tatzeit gerade in dem Gebäude aufhalten oder nicht.

Der Wohnzweck kann dem Gebäude aber dadurch genommen werden, dass der oder die Bewohner aufhören, das Gebäude als Wohnung zu benutzen. Diese Entwidmung kann auch dadurch vorgenommen werden, dass der oder die Bewohner das Haus in Brand setzen.

Das gilt jedoch dann nicht, wenn das Gebäude noch von anderen Personen bewohnt wird, die mit der Entwidmung nicht einverstanden sind. Wären hier die Eheleute M die einzigen Bewohner der Mühle gewesen, so hätten sie ihren Willen, das Haus als Wohnung aufzugeben, durch ein Inbrandsetzen wirksam kundgetan. Das Haus wäre dann im Zeitpunkt der Tat kein Gebäude, das zur Wohnung von Menschen dient, gewesen, also kein taugliches Tatobjekt i.S.d. § 306a I Nr. 1 StGB.[164]

Da das Haus aber auch noch von dem Ehepaar G bewohnt wurde, die nicht die Absicht hatten, das Haus als Wohnung aufzugeben, liegt keine wirksame Entwidmung vor.

Fraglich ist aber, wie es sich auswirkt, dass A sich vorher vergewisserte, dass sich niemand mehr in der Mühle aufhielt. Da der hohe Strafrahmen des § 306a StGB nur durch die Gefährdung von Menschenleben gerechtfertigt werden kann, könnte man an eine teleologische Reduktion des Tatbestandes in den Fällen denken, in denen diese Gefährdung vom Täter ausgeschlossen wird. Allerdings ist zu berücksichtigen, dass es sich bei § 306a I Nr. 1 StGB um ein abstraktes Gefährdungsdelikt handelt, das die konkrete Gefährdung eines Menschen gerade nicht voraussetzt.

Eine abstrakte Gefährdung ist aber jedenfalls dann ausgeschlossen, wenn der Täter mit letzter Sicherheit weiß, dass sich niemand in dem Gebäude aufhält. Dies kann jedoch mit der Rspr. nur angenommen werden, wenn es sich um kleine, mit einem Blick überschaubare Tatobjekte handelt.[165] Ein taugliches Tatobjekt i.S.v. § 306a I Nr. 1 StGB liegt damit vor.

Weiter müsste eine taugliche Tathandlung vorliegen. Als solche kommt zunächst ein „Inbrandsetzen“ in Betracht. In Brand gesetzt ist eine Sache dann, wenn wesentliche Teile derart vom Feuer ergriffen sind, dass sie auch nach Entfernung des Zündstoffes selbständig weiterbrennen können. Das Anzünden des Zündstoffes allein genügt nicht. Notwendig ist, dass das taugliche Tatobjekt tatsächlich gebrannt hat.[166]

---

[164] FISCHER, § 306a Rn. 4.

[165] BGH, NJW 1982, 2329 = jurisbyhemmer.

[166] WESSELS/HETTINGER, BT-1, Rn. 957.

Hier hatte A noch nicht einmal den Zündstoff - das Benzin - angezündet, sondern nur ein Streichholz.

Das Haus war jedenfalls vom Feuer noch nicht ergriffen worden. Wenn das Haus durch eine Explosion zerstört wird, dann ist zwar letztlich der gleiche Erfolg eingetreten, wie es mit dem „Inbrandsetzen" beabsichtigt war. Dennoch beruht der Erfolg eben nicht auf einer nach § 306a I Nr. 1 Alt. 1 StGB tatbestandsmäßigen Handlung. Der objektive Tatbestand des „Inbrandsetzens" ist somit nicht erfüllt.

Jedoch kommt weiterhin in Betracht, dass A das Mühlengebäude „durch eine Brandlegung ganz oder teilweise zerstört" hat.

Vorliegend ist der Zündstoff - das Benzin - explodiert, ohne dass das Haus selbst in Brand gesetzt worden wäre. Der Begriff der „Brandlegung" umfasst unter anderem genau auch diesen Fall des „explodierenden Zündstoffs".[167] Durch diese Brandlegung wurde das Haus zerstört, da es infolge der Explosion vollständig in sich zusammenstürzte. Dieser Taterfolg ist A objektiv zurechenbar, da sich in ihm genau die von A geschaffene Gefahr realisiert hat. Demgemäß hat A das Gebäude „durch eine Brandlegung zerstört".

Der objektive Tatbestand des § 306a I Nr. 1 StGB ist damit erfüllt.

2. A müsste diesbezüglich auch vorsätzlich gehandelt haben.

Dies erscheint insoweit problematisch, als er die Explosion nicht vorausgesehen hatte, sondern sein Vorsatz vielmehr darauf gerichtet war, das Haus durch dessen „Inbrandsetzen" zu zerstören und nicht durch die Explosion des Zündstoffes. Insoweit könnte sich A in einem Tatbestandsirrtum gem. § 16 I S. 1 StGB hinsichtlich des Kausalzusammenhangs zwischen Tathandlung und Taterfolg befunden haben, so dass sein Vorsatz entfiele.

Abweichungen vom vorgestellten Kausalverlauf sind jedoch dann nicht geeignet, den Vorsatz entfallen zu lassen, wenn sie sich innerhalb der Grenzen des nach allgemeiner Lebenserfahrung Voraussehbaren halten und eine andere Bewertung der Tat nicht gerechtfertigt ist.[168]

Mit anderen Worten ist zu fragen, ob eine erhebliche oder unerhebliche Abweichung von der vorgestellten Planverwirklichung vorliegt.[169]

hemmer-Methode: Abweichungen vom Kausalverlauf können sowohl im objektiven Tatbestand, nämlich bei der Frage der objektiven Zurechnung, problematisiert werden als auch im subjektiven Tatbestand bei der Frage nach dem Vorsatz hinsichtlich des Kausalverlaufs. In den meisten Fällen wird bei Bejahung der objektiven Zurechenbarkeit auch der Vorsatz bezüglich des Kausalverlaufs gegeben sein. Dies ist aber nicht zwangsläufig so, wie der vorliegende Fall eindrucksvoll zeigt: Denn auch wenn die objektive Zurechenbarkeit wie vorliegend bejaht werden kann, weil sich in dem eingetretenen Erfolg die geschaffene Gefahr realisiert hat, kann sich immer noch die berechtigte Frage stellen, inwieweit sich subjektiv auch der geplante Kausalverlauf verwirklicht hat.[170]

Vorliegend war der Plan des A darauf gerichtet, das Haus durch ein „Inbrandsetzen" zu zerstören.

167 FISCHER, § 306 Rn. 16.

168 BGHSt 7, 329.

169 Vgl. ROXIN, AT I, § 12 Rn. 145.

170 Siehe zum Ganzen instruktiv ROXIN, AT I, § 12, Rn. 140-148.

Stattdessen wurde das Haus durch die Explosion des Zündstoffes zerstört. Somit hat sich letztlich genau der Taterfolg ereignet, den A auch wollte, nämlich die Zerstörung des Hauses, und dies geschah auch durch Realisierung der von ihm geschaffenen Brand- bzw. Explosionsgefahr. Dass ein verwendeter Zündstoff auch explodieren kann - insb. wenn es sich um Benzin handelt, das dazu neigt, explosive Dämpfe zu entwickeln - hält sich innerhalb der Grenzen des nach allgemeiner Lebenserfahrung Voraussehbaren.

Demgemäß handelte A auch vorsätzlich.

hemmer-Methode: Die Vorsatzfrage hinsichtlich der Tatbestandshandlung „Zerstören durch Brandlegung" ist in dogmatischer Hinsicht ein sehr interessantes Problem.
Denn der Gesetzgeber wollte mit dieser Tatbestandshandlung eine Strafbarkeitsausweitung eben auch auf die Fälle, in denen der Zündstoff explodiert.[171]
Da die Zündstoffexplosion aber regelmäßig nicht vorausgesehen wird, stellt sich die Vorsatzfrage. Würde man den Vorsatz nun unreflektiert verneinen, käme man in diesen Fällen nur zu einer Versuchsstrafbarkeit hinsichtlich des „Inbrandsetzens", obwohl der Gesetzgeber beide Varianten der Brandstiftungshandlung offenbar als tatbestandlich gleichwertig behandelt. Auch im Hinblick darauf erscheint die Bejahung des Vorsatzes angezeigt.

3. Rechtswidrigkeit und Schuld sind gegeben.

4. A ist demgemäß strafbar nach § 306a I Nr. 1 StGB.

hemmer-Methode: Die Prüfung einer besonders schweren Brandstiftung gem. §§ 306b II, 306a I StGB ist im Bearbeitervermerk ausgeschlossen. In Betracht kommt vorliegend § 306b II Nr. 2 StGB, da A gehandelt hatte, um einen Versicherungsbetrug zu ermöglichen (s.u.). Teilweise wird in einem solchen Fall § 306b II Nr. 2 StGB verneint, weil die Vorschrift aufgrund der hohen Strafandrohung restriktiv auszulegen sei und demzufolge ein naher zeitlicher wie räumlicher Zusammenhang zwischen der Brandsituation und der anderen Straftat erforderlich sei. Der BGH ist dem nicht gefolgt. Wortlaut und Telos der Vorschrift würden eine solche Restriktion nicht rechtfertigen.[172]

II. Brandstiftung mit Todesfolge, § 306c StGB

Weiterhin könnte sich A einer Brandstiftung mit Todesfolge strafbar gemacht haben.

1. A hat eine schwere Brandstiftung gem. § 306a I Nr. 1 StGB begangen.

2. Hierdurch müsste er wenigstens leichtfertig den Tod eines anderen Menschen verursacht haben.

T ist infolge der Zündstoffexplosion, also der Brandlegung, zu Tode gekommen. Der erforderliche tatbestandsspezifische Gefahrzusammenhang ist gegeben, da der Tod gerade aufgrund der geschaffenen Einsturzgefahr eintrat. Fraglich ist jedoch, ob T als Beteiligte an der Tat überhaupt ein „anderer Mensch" i.S.d. Norm sein kann. Dies ist umstritten.

---

[171] Siehe ausdrücklich BT-Drucks. 13/9064, S. 22.

[172] Vgl. FISCHER, § 306b Rn. 9 ff.

Eine Ansicht lässt § 306c StGB zur Anwendung gelangen. Sie beruft sich dabei auf den Wortlaut, der auch im Falle des Todes eines Beteiligten einschlägig sei. Ein anderes Ergebnis würde zu einer nicht erklärbaren Schwächung der Normgeltung führen.[173]

Diese Sichtweise ist indes abzulehnen. Angesichts der hohen Mindeststrafe des § 306c StGB ist zu fordern, dass es sich bei dem Opfer um einen gefahrtypischen Repräsentanten der Allgemeinheit handelt und nicht um eine Person, die selbst die Gefahrenlage mit verursacht hat.

Insofern können auch die Grundsätze der freiverantwortlichen Selbstgefährdung zur Stützung dieses Ergebnisses herangezogen werden: T als Beteiligte hat sich freiverantwortlich in die von ihr durch Ausschütten des Benzins (mit)geschaffene Explosionsgefahr hineinbegeben. Daher ist es nicht gerechtfertigt, dem A den infolge der Realisierung dieser Gefahr eingetretenen Tod der T zuzurechnen. Dem Unrechtsgehalt des § 306c StGB würde es nur gerecht werden, wenn eine an der Gefahrschaffung unbeteiligte Person zu Tode kommt.[174]

Diese Sichtweise wird dadurch gestützt, dass bei der letzten Neufassung von § 306c StGB von einem *„anderen* Menschen" die Rede ist, statt wie früher in § 307 Nr. 1 StGB a.F. bloß von „einem Menschen". Diese terminologische Änderung deutet darauf hin, dass der Kreis möglicher Tatopfer auf Außenstehende begrenzt sein soll.

hemmer-Methode: Eine solche historische Argumentation wird von Ihnen in der Klausursituation selbstverständlich nicht erwartet.

Nach dieser hier vertretenen Auffassung ist mit T kein „anderer Mensch" i.S.d. § 306c zu Tode gekommen. Eine Strafbarkeit des A gem. § 306c StGB scheidet damit aus (andere Auffassung vertretbar).

III. Strafbarkeit nach § 306b II Nr. 1, § 306b I 1. Alt. und § 306a II StGB

Aus dem gleichen Grund - d.h. weil T kein „anderer Mensch" i.S.d. §§ 306a ff. StGB ist - scheidet auch die Strafbarkeit des A hinsichtlich § 306b II Nr. 1 StGB, § 306b I 1. Alt. StGB sowie § 306a II StGB aus.

IV. Sachbeschädigung, § 303 I StGB

1. Es ist bei lebensnaher Auslegung davon auszugehen, dass sich in der von dem Ehepaar G bewohnten Einliegerwohnung zur Tatzeit Sachen befanden, die dem Ehepaar G gehörten. Diese Sachen waren für A fremd. Dadurch, dass er die Explosion verursachte, hat er diese Sachen zerstört.

2. A hat vorsätzlich gehandelt. Die Tatsache, dass die Sachen der C nicht durch einen Brand, sondern durch eine Explosion zerstört bzw. beschädigt worden sind, ist eine unerhebliche Abweichung des Kausalverlaufs, die vorhersehbar war und keine andere Bewertung der Tat rechtfertigt (vgl. oben).

3. Die Tat war rechtswidrig. A handelte auch schuldhaft.

4. A ist damit gemäß § 303 StGB strafbar. Zu beachten ist das Strafantragserfordernis gemäß § 303c StGB.

---

[173] Vgl. GEPPERT, Jura 89, 475.

[174] So i.E. auch SCH-SCH/CRAMER, § 307 Rn. 6.

V. Brandstiftung, § 306 StGB

Dagegen scheidet eine Strafbarkeit wegen einfacher Brandstiftung aus, da § 306 StGB - wie § 303 StGB - nur fremde Tatobjekte schützt, die insoweit alleine in Betracht kommende Mühle aber im Eigentum von T und A gestanden hatte.

VI. Herbeiführen einer Sprengstoffexplosion, § 308 I StGB

1. Tathandlung ist die Herbeiführung einer Explosion. Explosion ist ein chemischer oder physikalischer Vorgang, bei dem durch eine plötzliche Volumenvergrößerung Kräfte frei werden, die eine zerstörende Wirkung ausüben können.[175]

Durch welche Mittel die Explosion herbeigeführt wird, ist gleichgültig. Es kommen alle Stoffe in Betracht, die dazu geeignet sind.[176] A hat hier eine Explosion verursacht.

2. Erforderlich ist eine konkrete Gefährdung von Leib und Leben eines anderen oder fremder Sachen von bedeutendem Wert.

A hat Leib und Leben der T gefährdet. Nach überwiegender und hier vertretener Ansicht genügt aber die Gefährdung eines Tatbeteiligten nicht.[177]

hemmer-Methode: Es handelt sich um die gleiche Problematik wie bei § 315c StGB. Auch hier bezieht die h.M. den Tatbeteiligten nicht in den Schutzbereich der Norm ein.[178]

Ob die Sachen des Ehepaares G, die durch die Explosion zerstört wurden, von bedeutendem Wert waren, lässt sich vorliegend nicht genau bestimmen. Die Wertgrenze wird dabei vom BGH bei 750,- € gezogen.[179] Vom Überschreiten dieser Wertgrenze kann jedoch bei Zerstörung einer Wohnungseinrichtung und sonstiger Habseligkeiten nach der allgemeinen Lebenserfahrung ausgegangen werden. Insofern hat A fremde Sachen von bedeutendem Wert gefährdet.

3. Er müsste hinsichtlich des objektiven Tatbestandes auch vorsätzlich gehandelt haben. Hinsichtlich der Tathandlung „Herbeiführen einer Sprengstoffexplosion" handelte A jedoch nicht vorsätzlich, da er keine Sprengstoffexplosion herbeiführen wollte, sondern ein Inbrandsetzen.

hemmer-Methode: Dass dagegen oben bei § 306a StGB der Vorsatz hinsichtlich des Merkmals „Brandlegung" (durch die Zündstoffexplosion) bejaht wurde, mag an dieser Stelle zunächst befremden, erklärt sich aber dadurch, dass das Auffangmerkmal der „Brandlegung" weiter gefasst ist als das spezifische Merkmal des „Herbeiführens einer Sprengstoffexplosion".

4. Eine vorsätzliche Begehung des § 308 I StGB scheidet somit für A aus.

VII. Fahrlässige Herbeiführung einer Sprengstoffexplosion gem. § 308 I, VI StGB

In Betracht kommt aber diesbezüglich eine Fahrlässigkeitsstrafbarkeit des A.

1. A hat eine Sprengstoffexplosion herbeigeführt und dadurch fremde Sachen von bedeutendem Wert gefährdet.

175 SCH-SCH/CRAMER, § 311 Rn. 3.
176 SCH-SCH/CRAMER, § 311 Rn. 5.
177 SCH-SCH/CRAMER, vor §§ 306 ff. Rn. 12.
178 FISCHER, § 315c Rn. 15b.
179 FISCHER, § 315 Rn. 16a.

2. A müsste diesbezüglich fahrlässig gehandelt haben, § 308 VI StGB.

Er hat objektiv sorgfaltswidrig gehandelt, denn es war vorhersehbar, dass es aufgrund der Benzindämpfe zu einer Explosion kommen könnte und dadurch die T und die Sachen des Ehepaares gefährdet werden würden. Das war auch vermeidbar.

3. Die Tat war auch rechtswidrig.

4. Des weiteren handelte A schuldhaft, denn er handelte insbesondere auch subjektiv sorgfaltswidrig.

5. A ist aufgrund seines Verhaltens nach § 308 I, VI StGB strafbar.

6. Ein Rückgriff auf Abs. 2 oder Abs. 3 scheidet dagegen aus, so dass die Frage, ob A leichtfertig den Tod der T verursacht hat, nicht erörtert werden muss.

Denn Abs. 2 und Abs. 3 können nur für die Fälle der vorsätzlichen Begehung des Grundtatbestandes Anwendung finden.

VIII. Gemeinschädliche Sachbeschädigung, § 304 StGB

1. In Betracht kommt allenfalls die Zerstörung eines öffentlichen Denkmals.

Denkmäler sind Erinnerungszeichen, die dem Andenken an Personen, Ereignisse oder Zustände zu dienen bestimmt sind.[180] Hierunter fallen nicht Baudenkmäler, die allein wegen ihrer architektonischen Besonderheiten unter Denkmalschutz gestellt sind. Im Übrigen fehlt es an einem *öffentlichen* Denkmal, da die Mühle nicht der Öffentlichkeit gewidmet war, sich nicht an einem öffentlichen Ort befand und nicht dem öffentlichen Nutzen diente, sondern allein Privatvermögen war und ausschließlich privat genutzt wurde.

2. A ist nicht aus § 304 StGB strafbar.

hemmer-Methode: Eine „exotische" Norm, bezüglich der es schon positiv auffällt, sie überhaupt zu sehen und anzuprüfen; keinesfalls verlangt werden hier detaillierte Kenntnisse.

IX. Zerstörung von Bauwerken, § 305 StGB

1. § 305 StGB setzt voraus, dass es sich um ein Gebäude handelt, das in fremdem Eigentum steht. Da dies hier nicht der Fall war, ist der objektive Tatbestand nicht erfüllt.

2. A ist nicht aus § 305 StGB strafbar.

X. Fahrlässige Tötung, § 222 StGB

1. A hat den Tod der T verursacht.

Er müsste den Tod der T durch „Fahrlässigkeit" verursacht haben. Dies ist zu bejahen, denn die Handlungen, die für den Tod der T ursächlich waren - das Ausschütten des Benzins und das Anzünden eines Streichholzes – waren objektiv sorgfaltswidrig.

Dennoch könnte eine Bestrafung des A insoweit entfallen, wenn der vorliegende Sachverhalt nicht vom Schutzzweck des § 222 StGB erfasst wird.[181]

Die Tatsache allerdings, dass T hier Beteiligte einer von A begangenen Handlung ist und bei dieser Gelegenheit zu Tode kam, vermag im Rahmen von § 222 StGB die Strafbarkeit des A noch nicht auszuschließen.

---

180 FISCHER, § 304 Rn. 7.

181 Vgl. ROXIN, FS Gallas, S. 245.

Denn im Gegensatz zu obigen Delikten (§§ 306 ff. StGB), bei denen T nicht „ein anderer" i.S.d. der jeweiligen Norm ist, gibt es bei einem Fahrlässigkeitsdelikt wie § 222 StGB keine Beteiligung, so dass T nicht aus diesem Gesichtspunkt als „anderer" i.S.d. § 222 StGB ausscheidet.

Eine Strafbarkeit nach § 222 StGB könnte aber ausscheiden, da es vom Tatplan der Eheleute M her gesehen als purer Zufall erscheint, dass gerade A das Streichholz entzündete, das zu der Explosion führte, durch welche T getötet wurde. Es hätte ebenso T selbst ein Streichholz entzünden können oder alle beide. Dann läge eine fahrlässige Selbsttötung vor, die nicht strafbar ist. Schließlich haben auch beide je einen Kanister Benzin ausgegossen.

Als ein für den Tod der T viel wesentlicherer Umstand erscheint hier die Tatsache, dass T sich in dem Haus befand, als bereits das Benzin ausgeschüttet worden war und A das Streichholz entzündete. Man könnte daher davon sprechen, T habe sich selbst einer erheblichen Gefahr ausgesetzt. Der Tatbeitrag des A sei dazu eine bloße Förderungs-, also Beihilfehandlung.

Eine Parallele zur Beteiligung am „Selbstmord" zu ziehen, ist aber deswegen nicht möglich, weil dort das Opfer den Tod - also den Todeserfolg - bewusst und gewollt in Kauf nimmt. Dort will das Opfer, dass der andere ihm hilft, den eigenen Tod herbeizuführen. Anders ist es, wenn sich das Opfer zwar bewusst in eine Lebensgefahr begibt, dabei aber hofft, die Gefahr werde sich nicht realisieren. Das Opfer wäre daher auch nicht mit den seinen Tod verursachenden Handlungen des anderen einverstanden, wenn es deren Gefährlichkeit erkannt hätte.

Gerade die Tatsache, dass T selbst fahrlässig handelte, ist der entscheidende Grund dafür, dem A den strafbaren Erfolg des § 222 StGB zuzurechnen. Hätte T sich in Selbsttötungsabsicht in das Haus begeben, ohne dass A hiervon etwas gewusst hätte, dann läge die fahrlässige Förderung eines Suizids vor, der genauso wenig strafbar wäre, wie die vorsätzliche „Beihilfe" zur vorsätzlicher Selbsttötung. Eine solche Selbsttötungsabsicht der T fehlte hier aber.

hemmer-Methode: Diese Argumentation entspricht der h.M., die das Handeln auf eigene Gefahr allein darauf untersucht, ob das Opfer die Gefahr kannte.

Die Tötung der T ist somit vom Schutzzweck des § 222 StGB gedeckt. A hat den Tatbestand des § 222 StGB erfüllt.

2. Die Tat war rechtswidrig. Eine rechtfertigende Einwilligung in ihre Tötung wurde von T nicht geäußert. In der Beteiligung an der Tat liegt auch keine Einwilligung in eine Lebensgefährdung.

3. A hat schuldhaft gehandelt, denn die Pflichtwidrigkeit seines Handelns war auch für A subjektiv erkennbar.

4. A hat sich aufgrund seines Verhaltens wegen fahrlässiger Tötung gem. § 222 StGB strafbar gemacht.

XI. Versicherungsmissbrauch, § 265 StGB

1. A hat mit seinem Haus eine gegen Feuergefahr und damit gegen Zerstörung versicherte Sache zerstört.

Dies geschah auch vorsätzlich.

A handelte dabei zu dem Zweck, sich eine Versicherungssumme zu verschaffen.

2. Rechtswidrigkeit und Schuld sind gegeben.

3. A hat sich wegen Versicherungsmissbrauchs gem. § 265 StGB strafbar gemacht.

XII. Versuchter Versicherungsbetrug als besonders schwerer Fall des Betruges, §§ 263 I, III S. 2 Nr. 5, II, 22, 23 I StGB

Mangels Auszahlung der Versicherungssumme ist der Betrug nicht vollendet. Versuchsstrafbarkeit besteht gem. §§ 263 II, 23 I Alt. 2 StGB.

Der erforderliche Tatentschluss hinsichtlich eines Betruges ist gegeben, da A die Versicherung über den Urheber der Zerstörung seines Hauses und damit über das Vorliegen eines Versicherungsfalles täuschen und die Versicherung somit zu einer schädigenden Vermögensverfügung veranlassen wollte. Hierbei erstrebte A einen rechtswidrigen Vermögensvorteil, da er versicherungsrechtlich keinen Anspruch auf die Versicherungssumme hatte.

Allerdings fehlt es zu diesem Zeitpunkt am unmittelbaren Ansetzen des A, da er die Schadensmeldung noch nicht vorgenommen hat und es daher noch eines wesentlichen Zwischenschrittes bedarf, damit das bedrohte Rechtsgut als „unmittelbar gefährdet“ erscheint.

Eine Strafbarkeit nach §§ 263 I, III S. 2 Nr. 5, II, 22, 23 I StGB durch das Entzünden des ersten Streichholzes scheidet demgemäß aus.

hemmer-Methode: Das fehlende unmittelbare Ansetzen zum Betrug beim Entzünden des ersten Streichholzes ist recht evident, so dass eine Prüfung eines versuchten Betruges an dieser Stelle auch unterbleiben kann.

XIII. Konkurrenzen im 1. Tatkomplex

§ 306a I Nr. 1 StGB steht zu § 303 StGB in Idealkonkurrenz (§ 52 StGB), da § 303 StGB als Eigentumsdelikt eine andere Schutzrichtung als § 306a I Nr. 1 StGB hat (andere Auffassung vertretbar mit dem Argument, dass bei einer schweren Brandstiftung typischerweise fremde Sachen zerstört werden).

Auch § 265 StGB steht hierzu in Idealkonkurrenz, denn sein Schutzgehalt erfasst gegenüber dem des § 306a I Nr. 1 StGB die Sanktionierung einer besonderen Form der Vorbereitung eines Betruges.

Hierzu steht § 222 StGB in Idealkonkurrenz.

Fraglich ist das Verhältnis von § 306a I Nr. 1 StGB zu § 308 I, VI StGB. Da das Herbeiführen einer Sprengstoffexplosion durch eine Explosion des Zündstoffes von dem Tatbestand des § 306a I Nr. 1 StGB („Brandlegung“) erfasst ist, erscheint die Annahme von Konsumtion gerechtfertigt, womit § 308 I, VI StGB hinter § 306a I Nr. 1 StGB zurücktritt (a.A. - nämlich Tateinheit - vertretbar mit dem Hinweis auf deren Klarstellungsfunktion).

A ist im 1. Tatkomplex somit aufgrund seines Verhaltens strafbar gem. §§ 306a I Nr. 1, 303, 265, 222; 52 StGB.

2. Tatkomplex: Das Anzünden der Benzinlache durch A

I. Schwere Brandstiftung, § 306a I Nr. 1 StGB

1. Durch das Anzünden der Benzinlache müsste A ein taugliches Tatobjekt i.S.d. § 306a I Nr. 1 StGB in Brand gesetzt oder durch Brandlegung zerstört haben.

Als A die Benzinlache anzündete, waren von dem Haus nur noch Reste vorhanden. Es handelte sich somit nicht mehr um ein Gebäude, welches der Wohnung von Menschen dient. Mangels eines tauglichen Tatobjekts hat A den objektiven Tatbestand des § 306a I Nr. 1 StGB nicht verwirklicht.

2. A hat sich nicht gem. § 306a I Nr. 1 StGB strafbar gemacht.

II. Versicherungsmissbrauch, § 265 StGB

1. Da im Zeitpunkt des Anzündens der Benzinlache das Haus bereits vernichtet war, bestand keine gegen Feuergefahr bzw. Zerstörung versicherte Sache mehr. Überdies handelte er in diesem Zeitpunkt nicht mehr, um sich die Versicherungsleistung zu verschaffen, sondern vielmehr mit dem Ziel, die Spuren der Tat zu verwischen.

A hat den Tatbestand des § 265 StGB nicht erfüllt.

2. A hat durch das Anzünden der Benzinlache nicht gem. § 265 StGB strafbar gemacht.

III. Fahrlässige Körperverletzung gem. § 229 StGB gegenüber S

1. S hat eine Körperverletzung erlitten.

Hätte A nicht den Brand gelegt, wäre S nicht zu den Löscharbeiten gekommen und auch nicht verletzt worden. A hat somit die Körperverletzung des S verursacht.

Die Handlung des A war auch objektiv pflichtwidrig, denn die Verletzung eines zur Hilfe eilenden Feuerwehrmannes war vorhersehbar und vermeidbar.

Fraglich ist aber, ob der Schutzzweck des § 229 StGB die Verletzung des S erfasst.

Dies wird zum Teil verneint.[182] Der Feuerwehrmann sei nämlich verpflichtet, beim Löschen des Brandes mitzuwirken.

Deswegen hätte auch A ihn nicht davon abhalten dürfen, auch wenn er erkannt hätte, dass sich für S die Gefahr einer Körperverletzung eröffnete.

Wenn man aber den A daran hindere, die Gefahr abzuwenden, dann dürfe man es ihm auch nicht anlasten, dass später die Gefahr sich in einer Körperverletzung realisiert.

Andererseits könnte man auch danach differenzieren, ob der Verletzte rechtlich verpflichtet war, sich der Gefährdung auszusetzen oder nicht. Im ersteren Fall ist dem Täter der Verletzungserfolg zuzurechnen, denn da der Verletzte rechtlich verpflichtet war zu helfen, hatte er nicht die freie Entscheidung, ob er sich in Gefahr begeben will oder nicht. Es liegt demnach keine freiwillige Selbstgefährdung vor, sondern eine durch das pflichtwidrige Vorverhalten erzwungene.

Hier war S kraft seiner beruflichen Stellung als Feuerwehrmann verpflichtet, an den Löscharbeiten teilzunehmen und sich so der Gefahr einer Körperverletzung auszusetzen. Der Schutzzweck des § 229 StGB erfasst somit die Verletzung des S. Diese ist A zurechenbar.

2. Die Tat war rechtswidrig.

3. A handelte schuldhaft, insbesondere subjektiv pflichtwidrig.

4. A ist wegen fahrlässiger Körperverletzung an S gemäß § 229 StGB strafbar. Zu beachten ist das Strafantragserfordernis des § 230 StGB.

---

[182] Vgl. ROXIN, FS Gallas, S. 247.

IV. Fahrlässige Körperverletzung gem. § 229 StGB gegenüber N

1. Im Gegensatz zu S war N nicht verpflichtet, beim Löschen des Brandes mitzuhelfen. Für A war es auch nicht ohne weiteres vorhersehbar, dass N sich einmischen würde (a.A. vertretbar).

N hat sich freiwillig in die Gefahr begeben. Sowohl nach der hier vertretenen Differenzierung als auch nach der oben dargestellten a.A.[183] wird daher die Verletzung des N nicht vom Schutzzweck des § 229 StGB erfasst.

Die Verletzung ist A nicht zurechenbar. Zu einem anderen Ergebnis kommt man auch dann nicht, wenn man mit dem BGH gleichsam danach fragt, ob sich N zu einem Eingreifen „herausgefordert“ fühlen durfte.[184] Dies kann zwar bei einem Verwandten oder engen Freund der durch den Brand Bedrohten angenommen werden, nicht jedoch bei einem Nachbarn, insbesondere wenn das Gebäude ohnehin schon komplett zerstört ist (a.A. vertretbar).

A hat den Tatbestand des § 229 StGB damit nicht erfüllt.

2. A ist wegen der Verletzung des N nicht gem. § 229 StGB strafbar.

3. Tatkomplex: Die Anzeige bei der Polizei

I. Falsche Verdächtigung, § 164 I StGB

1. Die Handlung des § 164 I StGB besteht darin, dass der Täter den Verdacht auf einen „anderen“, also eine bestimmte Person lenkt. Namensnennung ist zwar nicht unbedingt erforderlich, die Person des Verdächtigten muss sich aber mit Hilfe der Angaben des Täters ermitteln lassen.[185]

Da hier A mit seiner Anzeige „gegen unbekannt“ keine bestimmte Person in Verdacht gebracht hat, hat er den objektiven Tatbestand des § 164 StGB nicht erfüllt.

2. A ist nicht aus § 164 I StGB strafbar.

II. Vortäuschen einer Straftat, § 145d II Nr. 1 StGB

1. A müsste eine der in § 145d I StGB bezeichneten Stellen über den Beteiligten an einer rechtswidrigen Tat zu täuschen gesucht haben.

Die Polizei, der gegenüber A die Anzeige erstattete, ist eine Behörde und eine zur Entgegennahme von Anzeigen zuständige Stelle.

Voraussetzung ist weiterhin, dass die Tat tatsächlich begangen worden ist, denn andernfalls würde § 145d I StGB eingreifen.[186] Vorliegend ist dies der Fall; die Brandstiftung, über deren Beteiligten der A die Polizei zu täuschen gesucht haben könnte, ist tatsächlich begangen worden.

Ob der Tatbestand des „Täuschens über einen Beteiligten“ auch durch eine „Anzeige gegen unbekannt“ erfüllt werden kann, ist umstritten.

Nach einer Ansicht genüge eine Anzeige gegen unbekannt nicht, da sie keine konkreten Hinweise enthält, die in eine bestimmte Richtung zeigen.[187]

Diese Ansicht ist allerdings abzulehnen.

---

183 ROXIN, FS Gallas, S. 247.

184 Vgl. BGHSt 39, 322 ff. = jurisbyhemmer; m. Anm. BERNSMAN/ZIESCHANG, JuS 1995, 775 ff.

185 FISCHER, § 164 Rn. 7.

186 FISCHER, § 145d Rn. 7.

187 SCH-SCH/STREE, § 145d Rn. 14.

Denn der Strafgrund des § 145d StGB besteht in dem Schutz der zur Verfolgung strafbarer Handlungen berufenen Stellen vor unberechtigter Inanspruchnahme oder Ergreifung unnützer und überflüssiger Maßnahmen.[188]

Dieser Schutzzweck ist auch im Falle einer Anzeige gegen unbekannt einschlägig.

Zwar könnte man argumentieren, dass die Staatsanwaltschaft, wenn sie aufgrund der Anzeige gegen einen unbekannten Täter ermittelt, in der Praxis immer auch in Betracht ziehen wird, dass der Anzeigeerstatter selbst der Täter sein könnte, so dass der Tatverdacht nicht völlig vom Anzeigeerstatter abgelenkt wäre und die Staatsanwaltschaft auf keine falsche Fährte gelockt würde. Letztlich kann sie diese Erwägung aber auch bei einer Anzeige gegen eine konkrete Person machen, so dass dieses Argument als nicht stichhaltig zu bewerten ist.

Aus den genannten Gründen ist davon auszugehen, dass der Tatbestand des § 145d II Nr. 1 StGB grundsätzlich auch durch eine Anzeige gegen unbekannt erfüllt werden kann.[189]

Fraglich ist weiterhin, ob die Tatbestandserfüllung dadurch ausgeschlossen sein könnte, dass A als Täter der in Frage stehenden Straftat handelte, um den Verdacht von sich selbst abzulenken. Hierbei ist der Gesichtspunkt *strafloser Selbstbegünstigung* zu beachten: Der Straftäter braucht sich nicht selbst den Strafverfolgungsbehörden auszuliefern, und er darf die Tat ungestraft bestreiten. Insofern könnte die Täuschung über die Beteiligten an der Straftat für den Täter dieser Straftat straflos sein.

Die Grenze zwischen strafloser Selbstbegünstigung und Strafbarkeit nach § 145d II Nr. 1 StGB ist dort zu ziehen, wo der Täter aktive Täuschungsmaßnahmen über die Person des Straftäters vornimmt und sich nicht bloß auf passive Maßnahmen beschränkt, wie z.B. bloßes Bestreiten der Tat oder auch das „Berufen auf den großen Unbekannten".[190]

Fraglich ist, ob A durch die Erstattung der Anzeige gegen unbekannt diese Grenze überschritten hat. Da die Anzeige gegen unbekannt aber letztlich ein „Berufen auf den großen Unbekannten" darstellt, ist dies vorliegend zu verneinen (a.A. vertretbar).

2. Demgemäß scheidet eine Strafbarkeit des A gem. § 145d II Nr. 1 StGB aus.

III. Versuchter Betrug in einem besonders schweren Fall, §§ 263 I, III S. 2 Nr. 5, 22, 23 I StGB

1. Die Tat ist nicht vollendet, da die Versicherung die Versicherungssumme nicht ausbezahlt hat.

2. Der Versuch des Betruges ist strafbar, §§ 263 II, 23 I Alt. 2 StGB.

3. A wollte die Versicherung darüber täuschen, dass sein Haus durch ein Ereignis vernichtet wurde, das einen Versicherungsanspruch auslösen würde. Er wollte die Versicherung dadurch in einen Irrtum versetzen, durch den die Versicherung zur Auszahlung der Versicherungssumme, also zu einer Vermögensverfügung, veranlasst werden sollte, die dann bei der Versicherung einen Vermögensschaden verursacht hätte. A wollte sich an der Versicherungssumme rechtswidrig bereichern.

---

188 Fischer, § 145d Rn. 2.

189 Vgl. BGHSt 6, 251, 255; Geerds, Jura 1985, 621.

190 Fischer, § 145d Rn. 7.

Der Vermögensnachteil bei der Versicherung und die erstrebte Bereicherung wären auch stoffgleich.

4. Durch die falsche Schadensmeldung hat A bereits eine Täuschung begangen und damit schon mit der Verwirklichung des Tatbestandes begonnen.

5. Die Tat war auch rechtswidrig und schuldhaft.

6. A ist wegen versuchten Betruges aus §§ 263 I, III S. 2 Nr. 5, 22, 23 I StGB strafbar.

IV. Konkurrenzen

A ist im 1. Tatkomplex strafbar gem. §§ 306a I Nr. 1, 303, 265, 222; 52 StGB.

Diese stehen in Realkonkurrenz gem. § 53 StGB zu § 229 StGB.

§ 265 StGB tritt gem. der Subsidiaritätsklausel, § 265 I a.E. StGB, hinter §§ 263 I, III S. 2 Nr. 5, 22, 23 I StGB zurück.

hemmer-Methode: Dass der versuchte Betrug in Handlungsmehrheit zu § 265 StGB steht, ändert nach h.M. nichts daran, dass die Subsidiaritätsklausel von § 265 I a.E. StGB greift. Nach h.M. ist mit „Tat" in diesem Sinne die prozessuale Tat gemeint.[191]

[191] S. dazu FISCHER, § 265 Rn. 17.

Zusammenfassung

Strafbarkeit des A

1. Tatkomplex: Das Anzünden des Streichholzes

I. § 306a I Nr. 1 StGB (+)

II. § 306c StGB (-), T kein „anderer Mensch“

III. §§ 306b II Nr. 1, 306b I 1. Alt., 306a II StGB (-)

IV. § 303 I StGB (+)

V. § 306 I StGB (-)

VI. § 308 I StGB (-)

VII. § 308 I, VI StGB (+)

VIII. § 304 StGB (-)

IX. § 305 StGB (-)

X. § 222 StGB (+)

Problem, ob T als Mittäterin in den Schutzbereich des § 222 StGB fällt; hier aber nur fahrlässige Selbstgefährdung von T

XI. § 265 (+)

XII. §§ 263 I, III S. 2 Nr. 5, II, 22, 23 I StGB (-)

XIII. Konkurrenzen

2. Tatkomplex: Das Anzünden der Benzinlache

I. § 306 I Nr. 1 StGB (-)

II. § 265 I StGB (-)

III. § 229 StGB gegenüber S (+)

IV. § 229 StGB gegenüber N (-)

3. Tatkomplex: Die Aktivitäten nach dem Brand

I. § 164 I StGB (-)
Hier bloße Anzeige gegen unbekannt

II. § 145d II Nr. 1 StGB (-)

III. §§ 263 I, III S. 2 Nr. 5, 22, 23 I StGB (+)

IV. Konkurrenzen

Fall 8

Sachverhalt:

Die professionellen Autoknacker Oskar, Theo und Rita wollen in einer gemeinsamen Aktion den neuen PKW des Rudolf Schlafmütz entwenden. Auf dem Weg zur Tat treffen sie Guido Großmaul und überreden ihn, bei der Tat Schmiere zu stehen. Guido soll für seine Beteiligung eine Entlohnung von 500 € erhalten. Daraufhin schließen sie die Zündung des nicht abgeschlossenen Wagens des Rudolf kurz und fahren damit davon.

Nach der Tat bietet Guido den Autodieben an, für einen Abnehmer zu sorgen. Er verlange hierfür nur eine Provision in Höhe von 2.000 €. Daraufhin überlassen die drei dem Guido den PKW. Guido findet in Norbert einen Interessenten. Wenig später kauft Norbert, der nichts von der Herkunft des Wagens weiß, diesen zu einem Kaufpreis von 20.000 €. Guido behält den gesamten Verkaufserlös (wie von Anfang an geplant) für sich.

Tags darauf meldet sich bei Guido ein alter Bekannter. Benno hatte Guido vor Jahren 20.000 € zinslos geliehen, nach Fälligkeit aber vergebens Rückzahlung des Darlehens verlangt. Nachdem alle Vollstreckungsversuche erfolglos geblieben sind, will Benno die Sache nun selbst in die Hand nehmen. Dazu sieht er eine gute Gelegenheit, als er von den erbosten Autoknackern durch Zufall von dem Diebstahl des PKW und der eigenmächtigen Weiterveräußerung des Guido an den gutgläubigen Norbert erfährt. Also sucht er Guido in dessen Wohnung auf und verlangt unter der Drohung „ansonsten alles auffliegen lassen zu wollen" die Herausgabe der „ergaunerten" 20.000 €. Guido, der das Geld nach erfolgtem Coup sofort unter seinem Kopfkissen deponiert hatte, gibt der Drohung zähneknirschend nach, da er mit der Polizei nichts zu tun haben will. Benno zieht mit den 20.000 € zufrieden von dannen und zahlt diese bei seiner Hausbank auf sein laufendes Konto ein.

Bearbeitervermerk:

Prüfen Sie die Strafbarkeit von (O)skar, (T)heo, (R)ita, (G)uido und (B)enno. Auf § 248b StGB ist dabei nicht einzugehen. Von dem Bestehen des Darlehensrückzahlungsanspruchs ist auszugehen.

Lösung

1. Tatkomplex: Die Entwendung des PKW

A. Strafbarkeit von O, T und R

I. Diebstahl in einem besonders schweren Fall in Mittäterschaft, §§ 242 I, 243 I, 25 II StGB

1. O, R und T könnten mittäterschaftlich einen Diebstahl in einem besonders schweren Fall begangen haben, indem sie den PKW des Rudolf gemeinsam kurzschlossen und damit davonfuhren.

Erforderlich hierzu wäre in objektiver Hinsicht, dass die aufgeführten Personen jeweils einen Beitrag von nicht bloß untergeordneter Bedeutung zur Tatausführung geleistet haben.[192]

[192] SCH-SCH/CRAMER, § 25 Rn. 64.

Diese Voraussetzung ist hier gegeben, da die drei im arbeitsteiligen Zusammenwirken den Gewahrsam des Rudolf (S)chlafmütz an seinem PKW gebrochen und auch neuen Gewahrsam an diesem PKW begründet haben, so dass die Wegnahme einer fremden beweglichen Sache gegeben ist.

2. O, R und T handelten vorsätzlich bzgl. der Merkmale des objektiven Tatbestandes und aufgrund eines gemeinsamen Tatentschlusses.

Auch das Vorliegen der Zueignungsabsicht ist bei allen drei Personen zu bejahen. Sie handelten mit Vorsatz hinsichtlich der endgültigen Enteignung des S sowie in der Absicht, sich den PKW zumindest vorübergehend anzueignen.

3. Rechtfertigungs- und Schuldausschließungsgründe sind nicht ersichtlich.

4. Die drei Täter könnten einen Diebstahl in einem besonders schweren Fall begangen haben, wenn sie eines der in § 243 StGB aufgeführten Regelbeispiele verwirklicht hätten. Bei diesen Regelbeispielen handelt es sich nicht um abschließende Qualifikationen, sondern um bloße Strafzumessungsregeln.

Ein Einbruchsdiebstahl i.S.d. § 243 I S. 2 Nr. 1 StGB scheidet aus, weil der PKW des S unverschlossen war.

hemmer-Methode: Beachten Sie, dass der Wohnungseinbruchsdiebstahl nicht unter das Regelbeispiel des § 243 I S. 2 Nr. 1 StGB zu subsumieren ist, sondern § 244 I Nr. 3 StGB bzw. § 244 IV StGB als Qualifikationstatbestände greifen.

Ferner könnte der PKW des S durch eine Schutzvorrichtung gegen Wegnahme besonders gesichert gewesen sein (§ 243 I S. 2 Nr. 2 StGB).

Als eine solche Schutzvorrichtung kommt das Zündschloss des Wagens in Betracht.

Hierbei ist jedoch zu beachten, dass die für einen besonders schweren Fall des Diebstahls erforderliche größere deliktische Energie des Täters nur dann vorliegt, wenn gerade die Sicherung, die den Gewahrsam schützen soll, durchbrochen wird.

Beim Kurzschließen bleibt das Zündschloss jedoch unberührt, es werden vielmehr Kabel aus dem Wageninneren herausgerissen und miteinander verbunden. Folglich kann von einem Durchbrechen der Sicherung nicht gesprochen werden, so dass auch die Verwirklichung des § 243 I S. 2 Nr. 2 StGB ausscheidet.

Schließlich kommt noch die Verwirklichung des § 243 I S. 2 Nr. 3 StGB, also der gewerbsmäßig begangene Diebstahl, in Betracht. Ein gewerbsmäßiger Diebstahl liegt dann vor, wenn sich der Täter aus wiederholten Diebstählen eine nicht nur vorübergehende Einnahmequelle verschaffen möchte.[193]

Vorliegend ist von einer regelmäßigen Begehung derartiger Aufbrüche auszugehen („professionelle Autoknacker"), so dass dieses Merkmal bei O, T und R jeweils verwirklicht ist.

5. O, T und R haben daher einen Diebstahl in einem besonders schweren Fall (§§ 242 I, 243 I S. 2 Nr.3, 25 II StGB) begangen.

hemmer-Methode: Achten Sie darauf, dass bei mehreren Beteiligten grds. für jeden einzelnen zu prüfen ist, ob in seiner Person ein Regelbeispiel verwirklicht ist (wobei die h.M. für § 243 I S. 2 Nr. 3 StGB die Wertung des § 28 II StGB entsprechend heranzieht).

---

193 FISCHER, § 243 Rn. 18.

Da hier für O, R und T alles „parallel läuft“, sind weitere Differenzierungen nicht erforderlich.

II. Bandendiebstahl in Mittäterschaft, §§ 244 I Nr. 2, 25 II StGB

1. O, R und T könnten ebenfalls den qualifizierten Tatbestand des Bandendiebstahls (§ 244 I Nr. 2 StGB) verwirklicht haben. Erforderlich für das Vorliegen einer Bande ist nach h.M., dass sich mindestens drei Personen zur fortgesetzten Begehung von Raub und Diebstahl verbunden haben.[194]

hemmer-Methode: Der Streit um die Mindestzahl der Bandenmitglieder hat sich dadurch erledigt, dass der Große Senat des BGH der h.L. im Ergebnis gefolgt ist, die für den Zusammenschluss einer Bande schon seit jeher mindestens drei Personen gefordert hat. Als Argument lässt sich anführen, dass erst ab drei Personen die als besonders gefährlich einzustufenden „gruppendynamischen Effekte“ einsetzen.

Weiterhin erforderlich ist, dass bei einem Diebstahl auch mehrere Bandenmitglieder mitgewirkt haben, da der Diebstahl eine Tat der Bande sein muss.

Dabei genügt es, dass ein Bandenmitglied als Täter und ein anderes Bandenmitglied beim Diebstahl in irgendeiner Weise (also auch z.B. nur als Gehilfe) zusammenwirken.[195] O, R und T handelten alle vor Ort, so dass die Tat jedenfalls „unter Mitwirkung eines anderen Bandenmitglieds“ ausgeführt wurde.

hemmer-Methode: Der BGH stellt sogar klar, dass nach seiner Auffassung kein Mitglied der Bande bei Begehung des Diebstahls am Tatort sein muss. Die Wegnahmehandlung kann auch durch bandenfremde Beteiligte erfolgen. Beachten Sie in diesem Kontext, dass die Bandenmitgliedschaft nach h.M. ein persönliches Merkmal darstellt, so dass bei Teilnehmern § 28 II StGB zu beachten ist.

2. O, R und T handelten auch vorsätzlich.

3. Rechtfertigungs- und Schuldausschließungsgründe sind nicht ersichtlich.

4. O, R und T haben sich aufgrund ihres Verhaltens wegen eines mittäterschaftlich begangenen Bandendiebstahls strafbar gemacht.

III. Schwerer Bandendiebstahl, §§ 244a I, 25 II StGB

1. Die drei Bandenmitglieder haben den Diebstahl gewerbsmäßig begangen, d.h. unter den in § 243 I S. 2 Nr. 3 StGB genannten Voraussetzungen, so dass ein schwerer Bandendiebstahl vorliegt.

hemmer-Methode: Beachten Sie Folgendes: Im Rahmen des § 244a StGB handelt es sich bei den Regelbeispielen des § 243 I S. 2 StGB um Tatbestandsmerkmale, so dass in dieser Konstellation – anders als im Rahmen des § 243 I StGB – unstreitig eine Versuchsstrafbarkeit in Betracht kommt.

---

[194] Sch-Sch/Eser, § 244 Rn. 23. So nun auch der BGH, vgl. BGHSt 46, 321 = **juris**byhemmer.

[195] BGHSt 46, 321 = **juris**byhemmer.

2. O, R und T handelten auch vorsätzlich, rechtswidrig und schuldhaft, so dass sie aus §§ 244a I, 25 II StGB zu bestrafen sind.

IV. Sachbeschädigung in Mittäterschaft, §§ 303 I, 25 II StGB

Beim Kurzschließen werden üblicherweise Kabel aus dem Wageninneren herausgerissen. Dadurch werden Substanz und Funktionstüchtigkeit des Wagens beeinträchtigt. Demgemäß liegt auch eine Sachbeschädigung in Mittäterschaft vor.

hemmer-Methode: Gedacht werden könnte noch beim Besteigen des Wagens an § 123 I StGB. Allerdings zählt ein Pkw nicht zu den geschützten Räumen. Anders kann dies etwa bei einem Wohnanhänger bewertet werden.

V. Konkurrenzen

Die Sachbeschädigung (§ 303 I StGB) steht zu den §§ 242, 243 I S. 2 Nr. 3 StGB in Tateinheit. Allerdings werden § 243 I und § 244 I Nr. 2 StGB von der Qualifikation des § 244a I StGB verdrängt. Daher besteht im Ergebnis Tateinheit (§ 52 StGB) zwischen der Sachbeschädigung (§ 303 I StGB) und dem schweren Bandendiebstahl (§ 244a I StGB).

B. Strafbarkeit des G

I. Beihilfe zum schweren Bandendiebstahl, §§ 244a I, 27 I StGB

1. G hat dem Autoknacker-Trio bei einem schweren Bandendiebstahl Hilfe geleistet. Bei dem „Schmierestehen“ handelt es sich um eine typische Teilnahmehandlung. Auch die Entlohnung von 500 € spricht dafür, dass G nur einen untergeordneten Tatbeitrag leistete und damit eine Mittäterschaft gem. § 25 II StGB ausscheidet.

2. Fraglich ist, wie es sich auswirkt, dass A weder gewerbsmäßig handelt noch Mitglied der Bande ist.

Nach h.M.[196] ist die Bandenmitgliedschaft als besonderes persönliches Merkmal anzusehen, weswegen G aufgrund des § 28 II StGB nicht aus dem Qualifikationstatbestand, sondern allenfalls aus den §§ 242, 243 I S. 2 Nr. 3 StGB belangt werden kann.

Bzgl. der Gewerbsmäßigkeit nach § 243 I S. 2 Nr. 3 StGB ist § 28 II StGB an sich nicht unmittelbar anwendbar, da es sich um ein Regelbeispiel im Rahmen der Strafzumessung handelt.

Die h.M. wendet den § 28 II StGB aber analog an und differenziert auch hier zwischen tat- und täterbezogenen Regelbeispielen. Die Gewerbsmäßigkeit i.S.d. § 243 I S. 2 Nr. 3 StGB gehört dabei eindeutig zu den täterbezogenen Regelbeispielen.

Im vorliegenden Fall ist die Anwendbarkeit des § 28 II StGB jedenfalls im Ergebnis unproblematisch, da die Gewerbsmäßigkeit im Rahmen des § 244a StGB ja sogar Tatbestandsmerkmal ist. Man kann die Vorschrift daher entweder zweimal direkt anwenden (Tatbestandsverschiebung von § 244a I StGB auf § 242 I StGB direkt) oder einmal direkt und einmal analog (§ 244a I StGB ⇨ §§ 242 I, 243 I S. 2 Nr. 3 StGB ⇨ § 242 I StGB).

3. G handelte auch vorsätzlich, rechtswidrig und schuldhaft.

4. G hat sich wegen Beihilfe zum einfachen Diebstahl strafbar gemacht, §§ 242 I, 27 I StGB.

---

[196] Vgl. BGHSt 12, 220.

II. Beihilfe zur Sachbeschädigung, §§ 303 I, 27 I StGB

1. G hat dem Trio bei der Begehung der Sachbeschädigung Hilfe geleistet. Bezüglich des Vorsatzes ist davon auszugehen, dass er die Sachbeschädigung zumindest billigend in Kauf nahm (dolus eventualis).

2. Die Beihilfe zur Sachbeschädigung (§§ 303 I, 27 I StGB) steht in Tateinheit (§ 52 I StGB) zur Beihilfe zum Diebstahl (§§ 242 I, 27 I StGB).

2. Tatkomplex: Der Geistesblitz des Guido

A. Strafbarkeit des G

I. Betrug zu Lasten der Autodiebe, § 263 I StGB

1. G hat die drei Autoknacker darüber getäuscht, den PKW für ihre Rechnung weiterzuveräußern. Dadurch hat er bei ihnen auch einen entsprechenden Irrtum erregt.

Fraglich ist jedoch, ob in der Herausgabe des PKW an G auch eine Vermögensverfügung zu sehen ist. Immerhin hatten O, T und R den Besitz deliktisch erlangt.

Was unter Vermögen i.S.d. § 263 StGB zu verstehen ist, ist umstritten.

Nach dem juristischen Vermögensbegriff ist vom Schutz des § 263 I StGB die Summe der von der Rechtsordnung anerkannten und mit ihr durchsetzbaren Vermögensrechte und -pflichten einer Person erfasst. Auf den wirtschaftlichen Wert dieser Positionen kommt es dabei nicht an.

Gegen diese Auffassung, die in ihrer Reinform heute kaum noch vertreten wird, lässt sich einwenden, dass sie noch nicht einmal die von einer Person erbrachte Arbeitsleistung zu erfassen vermag, so dass unbefriedigende Ergebnisse die Konsequenz sind.

Die extreme Gegenposition nimmt der wirtschaftliche Vermögensbegriff ein, bei dem alle wirtschaftlichen (geldwerten) Güter einer Person ohne Rücksicht auf ihre rechtliche Konkretisierung oder Anerkennung den Schutz des § 263 StGB genießen.

Eine vermittelnde Position vertritt schließlich der juristisch-ökonomische Vermögensbegriff, der nur solche wirtschaftlichen Güter schützen will, die dem Betroffenen mit Billigung bzw. ohne Missbilligung der Rechtsordnung zustehen.[197]

Als Argument für den juristisch-ökonomischen Vermögensbegriff lässt sich in erster Linie die Einheit der Rechtsordnung anführen. Es kann als widersprüchlich bezeichnet werden, wenn eine Vermögensposition, der im Zivilrecht die Anerkennung versagt wird, im Strafrecht den Schutz des § 263 I StGB genießen würde.

Zu bedenken ist auch Folgendes: Würde man den sog. „Komplizenbetrug“ als straffrei ansehen, würde damit im kriminellen Milieu ein rechtsfreier Raum entstehen. Dies erscheint kriminalpolitisch nicht überzeugend.

Auch stellt die Tatsache, dass jemand eine Vermögensposition rechtswidrig erlangt hat, für einen Dritten keinen „Freibrief“ dar, sich diese nun seinerseits zuzueignen.

Daher erscheint es im Ergebnis vorzugswürdig, mit der Rechtsprechung, die dem wirtschaftlichen Vermögensbegriff folgt, auch dem deliktisch erlangten Besitz einen wirtschaftlichen Wert zuzumessen und die Anwendung des § 263 I StGB für diesen Fall zu bejahen.[198]

---

197 Nachweise bei SCH-SCH/CRAMER, § 263 Rn. 94.

198 Vgl. auch WESSELS/HILLENKAMP, BT-2, Rn. 535.

Aber auch nach dem juristisch-ökonomischen Vermögensbegriff ist dieses Ergebnis haltbar, da der unrechtmäßig erlangte Besitz gemäß den §§ 858 ff. BGB jedenfalls gegenüber Personen, die kein „besseres Recht" haben, eine rechtlich geschützte Vermögensposition darstellt.

Die Vermögensverfügung hat auch kausal zu einem Vermögensschaden der Autodiebe geführt, da diese kein kompensationsfähiges Äquivalent erlangt haben.

2. G handelte vorsätzlich und mit der Absicht, sich rechtswidrig zu bereichern.

3. Die Tat war rechtswidrig, und G handelte schuldhaft.

4. G hat sich des Betruges zu Lasten der Autodiebe strafbar gemacht.

5. Fraglich ist, ob ein besonders schwerer Fall gem. § 263 III StGB vorliegt. § 263 III S. 2 Nr. 2 StGB könnte einschlägig sein, da die Autoknacker einen PKW im Wert von ca. 20.000 € G übergaben. Fraglich ist, wo die Grenze des Vermögensverlusts größeren Ausmaßes i.S. der Nr. 2 liegt.

Dabei ist mit dem BGH derzeit von 50.000 € auszugehen.[199] § 263 III S. 2 Nr. 2 StGB ist demnach im vorliegenden Fall nicht erfüllt.

II. Betrug zu Lasten des N, § 263 I StGB

1. Es müsste zunächst eine Täuschungshandlung des G vorliegen.

Der Verkäufer einer Sache erklärt regelmäßig konkludent, dass er den Käufer zum Eigentümer derselben machen könne, denn hierzu ist er aus § 433 I S. 1 BGB verpflichtet.

Dies war hier wegen § 935 I BGB aber nicht möglich.

Diese Täuschung hat bei N auch kausal zu einem entsprechenden Irrtum geführt.

Durch diesen Irrtum wurde N veranlasst, an G 20.000 € zu zahlen, also eine Verfügung über sein Vermögen vorzunehmen.

Durch diese Vermögensverfügung wurde das Vermögen des N um 20.000 € vermindert. Dem steht kein gleichwertiger Gegenwert gegenüber, da N kein Eigentum an dem PKW erwerben konnte und damit dem Herausgabeanspruch des Eigentümers Schlafmütz aus § 985 BGB ausgesetzt ist. Mithin hat N einen kausalen Vermögensschaden erlitten.

hemmer-Methode: Dass N gegen G ein zivilrechtlicher Schadensersatzanspruch zusteht, ändert an dem Vorliegen eines Vermögensschadens nichts. Denn gesetzliche Sekundäransprüche, die dem Geschädigten gerade infolge der Täuschung erwachsen, bleiben im Rahmen der Schadensfeststellung unberücksichtigt.[200]
Andernfalls wäre faktisch die Bejahung eines Schadens im Rahmen von § 263 I StGB unmöglich.

2. G handelte vorsätzlich und auch in der Absicht, sich unrechtmäßig um die 20.000 € zu bereichern. Der Kaufvertrag zwischen G und N kann kein Rechtsgrund sein, da dieser Vertrag gerade auf einer arglistigen Täuschung beruht.

Der angestrebte Vermögensvorteil ist auch stoffgleich zum Schaden des N. G handelte diesbezüglich auch vorsätzlich.

---

[199] Vgl. BGH, NJW 2001, 2485 f. = **juris**byhemmer.

[200] Vgl. im Einzelnen Sch-Sch/Cramer, § 263 Rn. 120.

3. Die Tat ist rechtswidrig und schuldhaft, so dass sich G wegen eines Betruges zu Lasten des N strafbar gemacht hat.

4. Auch im vorliegenden Fall ist die Wertgrenze des § 263 III S. 2 Nr. 2 StGB nicht überschritten.

III. Hehlerei, § 259 I StGB

1. In Betracht kommt im vorliegenden Fall die Hehlerei in Form des „Sich-Verschaffens".

Erforderlich ist hierfür zunächst die Herstellung einer vom Vortäter abgeleiteten eigenen Verfügungsgewalt. Daran fehlt es jedoch, wenn der Besitzer zwar eigene Verfügungsgewalt erlangt, der Veräußerer aber lediglich Fremdbesitz übertragen will.[201] Das ist aber gerade die Konstellation des vorliegenden Falls, da G im Auftrag der Autodiebe tätig werden sollte.

Auch eine Strafbarkeit in Form des „Absetzens" kommt nicht in Betracht, da G nicht, wie für die § 259 I 3. Var. StGB erforderlich, im fremden Interesse handelt.

2. G hat sich nicht gem. § 259 I StGB strafbar gemacht.

hemmer-Methode: Unterscheiden Sie genau die drei verschiedenen Varianten des § 259 I StGB: Das Sich-Verschaffen setzt die Erlangung einer eigentümerähnlichen Verfügungsgewalt voraus, d.h. der Täter muss Eigenbesitz erwerben. Das Ankaufen ist dabei lediglich ein Unterfall des Sich-Verschaffens.
Absetzen und Absatzhilfe setzen dagegen ein Handeln für fremde Rechnung voraus. Beim Absetzen liegt eine selbständige Tätigkeit, bei der Absatzhilfe ein unselbständiges, weisungsgebundenes Handeln zugunsten des Vortäters vor.
Abzugrenzen ist die Absatzhilfe (§ 259 I Var. 3 StGB) von der Beihilfe zum Absatz (§§ 259 I Var. 2, 27 StGB). Die Absatzhilfe greift hierbei nur subsidiär ein, nämlich wenn eine Beihilfe zum Absatz am Vorliegen einer Haupttat ausscheidet. Dies ist insbesondere dann der Fall, wenn der Vortäter selbst die Sache absetzt. Da er kein „anderer" im Sinne von § 259 I StGB ist, scheidet für ihn eine Strafbarkeit wegen des Absetzens gem. § 259 I Var. 2 StGB aus, so dass bei einer Hilfeleistung eines Dritten eine Beihilfe gem. § 27 StGB nicht möglich ist. Diese Strafbarkeitslücke soll nach der Intention des Gesetzgebers durch § 259 I Var. 3 StGB geschlossen werden.

IV. Unterschlagung, § 246 I StGB

1. Bei dem PKW handelt es sich um eine fremde bewegliche Sache.

In der Weiterveräußerung der Sache ist grundsätzlich die Anmaßung einer eigentümerähnlichen Verfügungsgewalt zu sehen.

Fraglich ist aber, ob eine Zueignung noch möglich ist, nachdem sich G die Sache bereits durch den Betrug zugeeignet hat.

Nach einer Ansicht soll dies weitere Zueignungshandlungen nicht ausschließen. Bei der wiederholten Betätigung des Herrschaftswillens über eine bereits deliktisch erlangte Sache handele es sich tatbestandsmäßig um eine wiederholende Zueignung. Diese trete lediglich als straflose Nachtat hinter den ersten Zueignungsakt zurück (sog. Konkurrenzlösung, die von der überwiegenden Ansicht im Schrifttum vertreten wird).

[201] SCH-SCH/STREE, § 259 Rn. 26 m.w.N.

Die Konkurrenzlösung ist jedoch abzulehnen. Zueignung bedeutet die Entziehung der Sache aus dem Vermögen des Berechtigten und die Einordnung der Sache in das Vermögen des Täters.

Nach dem BGH fällt hierunter nur die Herstellung der Herrschaft über die Sache bzw. die erstmalige Verfügung über sie, nicht die bloße Ausnutzung dieser Herrschaftsstellung. Zueignung ist mit anderen Worten schuldhafte und strafbare Begründung des Eigenbesitzes unter Ausschluss des Berechtigten.

Als weiteres Argument gegen die Konkurrenzlösung lässt sich anführen, dass sonst aufgrund der regelmäßig verwirklichten wiederholten Unterschlagung die Ersttat (z.B. Diebstahl) faktisch nicht verjähren könnte. Dies erscheint verfassungsrechtlich nicht tragbar, so dass der Tatbestandslösung zu folgen ist.

2. G hat keine Unterschlagung begangen.

V. Konkurrenzen

Zwischen den beiden Betrugstatbeständen (§ 263 I StGB) besteht Tatmehrheit (§ 53 I StGB), da zwei selbständige Handlungen vorliegen und unterschiedliche Vermögensmassen verletzt wurden.

B. Strafbarkeit von O, T und R nach § 246 I StGB

In der Weitergabe der Sache an G mit der Bitte, nach einem Erwerber Ausschau zu halten, ist grundsätzlich die Anmaßung einer eigentümerähnlichen Verfügungsgewalt zu sehen. Die Strafbarkeit aus § 246 I StGB scheitert jedoch an der fehlenden Möglichkeit einer wiederholten Zueignung (s.o.).

3. Tatkomplex: Der Besuch des Benno

Strafbarkeit des B

I. Erpressung, § 253 I StGB

1. Indem B die 20.000 € unter Androhung der Einschaltung der Polizei herausverlangte, könnte er eine Erpressung i.S.d. § 253 I StGB begangen haben.

Vorliegend kommt als Tathandlung die Drohung mit einem *empfindlichen Übel* in Betracht.

Der von B in Aussicht gestellte Nachteil war von einer solchen Erheblichkeit, dass seine Ankündigung geeignet war, den N zur Herausgabe der 20.000 € zu motivieren. Auch hatte B Einfluss auf den künftigen Eintritt des Übels.[202]

hemmer-Methode: In diesem Rahmen ist ausreichend, dass der Drohende lediglich - wahrheitswidrig - vorgibt, auf den Eintritt des Übels Einfluss nehmen zu können, sofern der Täter erreicht, dass der Genötigte diese Aussage ernst nimmt.

Ob in solchen Fällen parallel zu § 253 I StGB ein vollendeter Betrug vorliegt, ist umstritten. Sofern man nicht bereits die Tatbestandsmäßigkeit ablehnt, tritt der Betrug jedenfalls auf Konkurrenzebene zurück, da dieser als Mittel zur Verwirklichung der Erpressung keine eigenständige (Unrechts-)Bedeutung hat.

Auf die Rechtswidrigkeit / Verwerflichkeit nach § 253 I, II StGB muss hier noch nicht eingegangen werden, da die h.M. diese nicht als Tatbestandsmerkmal, sondern als allgemeines Verbrechensmerkmal einordnet.

[202] FISCHER, § 240 Rn. 31.

Von der h.M. in der Literatur wird im Rahmen des § 253 I StGB eine *Vermögensverfügung* des Genötigten verlangt, während die Rechtsprechung *jedes abgenötigte Verhalten*, auch die bloße Duldung der Wegnahme, ausreichen lässt.[203]

Eine Vermögensverfügung ist vorliegend gegeben, da G dem B das Geld *willentlich* übergab. Darauf, ob er diesen Willen auch „freiwillig" gebildet hat, kommt es nicht an.

An einem Vermögensschaden des G bestehen auch hier keine Bedenken, wenn man sich aus oben genannten Gründen dem wirtschaftlichen Vermögensbegriff anschließt.

Dass G die 20.000 € durch Betrug zu Lasten des N erlangt hat, ist irrelevant. Auch die rein tatsächliche Besitzposition am Geld stellt insoweit einen Vermögenswert dar.

2. B hat auch vorsätzlich gehandelt.

Fraglich ist jedoch, ob B in der Absicht handelte, sich rechtswidrig zu bereichern. B stand gegen G nämlich ein Rückzahlungsanspruch aus § 488 BGB zu, der seit langer Zeit fällig und damit einredefrei war.

Von einer Absicht, sich rechtswidrig zu bereichern, kann insofern nicht die Rede sein. Dass B diesen Anspruch mit Nötigungsmitteln durchsetzen will, wird von der Rechtsordnung zwar nicht gebilligt, ändert aber nichts an der Rechtmäßigkeit der Bereicherungsabsicht im Rahmen des § 253 I StGB.

hemmer-Methode: Die hier vorliegende Konstellation ist unstreitig. Problematisch (vor allem unter Irrtumsgesichtspunkten) wäre sie nur, wenn B dem G die 20.000 € weggenommen hätte.

Im Rahmen des § 242 I StGB würde sich dann die Frage der Rechtswidrigkeit der Zueignungsabsicht stellen. Lehnt man mit der ganz h.M. die Wertsummentheorie ab, muss man diese bejahen: Bei einer Geldschuld handelt es sich um eine Gattungsschuld bzw. um eine Schuld eigener Art, bei der ein Anspruch des Täters auf die konkret weggenommenen Scheine jedenfalls nicht besteht.

Im Rahmen des Vorsatzes ist die Rechtsprechung dann aber weitgehend großzügig und gestattet dem Täter insofern die Berufung auf einen Tatbestandsirrtum, wenn dieser geglaubt hat, das entwendete Geld stünde ihm zu. Unumstritten ist dies freilich nicht.

Im Rahmen des Irrtums über normative Tatbestandsmerkmale ist fast alles vertretbar. Daher wird bereits eine nachvollziehbare Argumentation vom Korrektor honoriert.

3. B hat sich nicht nach § 253 I StGB strafbar gemacht.

II. Nötigung, § 240 I StGB

1. B könnte aber aufgrund seines Verhaltens eine vollendete Nötigung begangen haben.

Eine Nötigungshandlung in diesem Sinne, nämlich die Drohung mit der Polizei, liegt vor. Sie führte auch kausal zu einem Tun, nämlich der Vermögensverfügung.

2. Die Nötigung müsste auch *rechtswidrig* gewesen sein. Da keine - zusätzlich zu prüfenden - Rechtfertigungsgründe ersichtlich sind, kommt es auf die sog. „*Verwerflichkeitsprüfung*" gemäß § 240 II StGB an.

---

203 FISCHER, § 253 Rn. 10.

hemmer-Methode: Bei § 240 II StGB handelt es sich um einen sog. „offenen" Tatbestand, bei dem die Rechtswidrigkeit der Tat positiv festzustellen ist.

Nach einer Ansicht handelt es sich dabei um ein *tatbestandsregulierendes Korrektiv*. Der weit gefasste Nötigungstatbestand müsse tatbestandlich eingeengt werden.[204] Mit der Rechtsprechung ist jedoch davon auszugehen, dass § 240 II StGB ein *allgemeines Rechtswidrigkeitsmerkmal* enthält, wofür auch der Wortlaut spricht.[205]

Verwerflich ist eine Nötigung, wenn das angewandte Mittel, der angestrebte Zweck oder die *Zweck-Mittel-Relation* sozialwidrig ist. Dabei bedeutet Verwerflichkeit nach der gängigen Formel der Rspr. einen „erhöhten Grad sittlicher Missbilligung".[206]

Die Drohung mit der Polizei *kann* aber rechtmäßig sein, wenn der Täter einen Anspruch auf die erzwungene Handlung hat.

Das muss man im vorliegenden Fall an sich bejahen, da die Nötigung der Durchsetzung des Darlehensanspruchs dienen sollte.

Bzgl. der Verwerflichkeit der Zweck-Mittel-Relation ist insofern aber entscheidend, ob die Drohung mit der Polizei mit dem geltend gemachten Anspruch in einem „inneren Zusammenhang" steht.[207]

Fehlt es hieran, so ist die Nötigung verwerflich und damit rechtswidrig, da die Verknüpfung beider Aspekte durch den Täter willkürlich ist und lediglich der privaten Zwangsvollstreckung dient, welche die Rechtsordnung grundsätzlich nicht toleriert.

Nach alledem muss die Nötigung des B als rechtswidrig bezeichnet werden, da der Darlehensanspruch mit der Drohung in keinerlei innerem Zusammenhang steht.

3. B handelte auch schuldhaft, so dass er aus § 240 I StGB zu bestrafen ist.

III. Hehlerei, § 259 I StGB

1. B könnte sich des Weiteren wegen Hehlerei strafbar gemacht haben.

Die 20.000 € waren taugliches Hehlereiobjekt, da sie aus dem Betrug zu Lasten des N stammten, mithin durch eine gegen fremdes Vermögen gerichtete Tat erlangt waren. Da das Geld auch noch nicht gewechselt worden ist, liegt auch kein Fall der straflosen Ersatzhehlerei vor.[208]

Fraglich ist es jedoch, ob von Seiten des B ein Sich-Verschaffen i.S.d. § 259 I StGB vorliegt.

Erforderlich ist hierfür die Herstellung einer vom Vortäter abgeleiteten *eigenen Verfügungsgewalt*. Diese war hier unproblematisch durch die Erlangung unmittelbaren Besitzes gegeben.

Ein tatbestandsmäßiges „Sich-Verschaffen" ist jedoch nach Ansicht des BGH nur dann gegeben, wenn der Täter die eigene Verfügungsgewalt an der Sache *im Einvernehmen mit dem Vortäter* herstellt.[209]

Diese Voraussetzung ergibt sich nicht unmittelbar aus dem Wortlaut der Vorschrift.

In anderen Tatbeständen (etwa in den §§ 96 I, 146, 152a StGB) ist das Merkmal des „Sich-Verschaffens" dementsprechend auch weiter zu verstehen.

---

204 SCH-SCH/ESER, § 240 Rn. 16.

205 BGHSt 2, 196.

206 FISCHER, § 240 Rn. 40.

207 BGH, NJW 96, 2877, 2878 = **juris**byhemmer.

208 Zu diesem Betriff vgl. SCH-SCH/STREE, § 259 Rn. 14.

209 NJW 1996, 2877.

In jenen Bestimmungen schließt es auch ein Handeln gegen oder ohne Willen des früheren Inhabers der Verfügungsgewalt ein.[210]

Jedoch ergibt die *Auslegung* des § 259 StGB, dass ein einverständliches Zusammenwirken erforderlich ist:

Zunächst wird der Ankauf als *typischer Fall* des hehlerischen Sich-Verschaffens einer Sache unter Strafandrohung gestellt. Diese erstreckt sich dann auf vergleichbare Fälle („oder sonst") abgeleiteten Erwerbs.

Dem „Ankaufen" vergleichbar ist das sonstige Verschaffen aber nur dann, wenn es *nicht gegen den Willen des Vortäters* erfolgt.

Auch die *systematische Stellung des* § 259 I StGB neben Begünstigung und Strafvereitelung spricht hierfür.

Die Hehlerei ist (stark vereinfacht) *Hilfeleistung zugunsten des Täters* nach der Tat. Allein diese Betrachtung entspricht im Übrigen auch dem historisch gewachsenen Bild der Hehlerei.[211]

Nur diese enge Auslegung wird schließlich dem Sinn und Zweck des § 259 I StGB gerecht.

Hehlerei ist die Aufrechterhaltung des durch die Vortat geschaffenen rechtswidrigen Vermögenszustandes.

Gerade in dem Zusammenwirken von Vortäter und Hehler besteht der *innere Zusammenhang* mit der Vortat, der nach Rechtsprechung und herrschender Meinung für die Hehlerei in allen ihren Begehungsformen erforderlich ist.[212]

Unstreitig fehlt es an dem erforderlichen einverständlichen Zusammenwirken, wenn der Täter dem Vortäter die Sache wegnimmt oder *gegen seinen Willen* weiter über sie verfügt.[213]

Ein Einverständnis ist aber auch dann nicht gegeben, wenn der *Täter*, wie hier A, *den Vortäter* durch Drohungen zur Übertragung der Verfügungsmacht *veranlasst.*[214]

Die Gegenansicht[215] geht davon aus, dass das Einverständnis über sein tatsächliches Bestehen hinaus nicht auch noch frei von Willensmängeln sein müsse.

Diese Auffassung verkennt aber, dass gerade aus diesem Zusammenwirken den von § 259 StGB geschützten Rechtsgütern Gefahren erwachsen:

Gefährlich wird der Hehler nicht erst mit der einzelnen hehlerischen Verletzung fremden Vermögens, sondern bereits durch seine - Vermögensdelikte generell fördernde - Bereitschaft, bei der Abnahme der Beute mit*zuhelfen.*

Der Hehler enthebt den Dieb der Sorge um die gefahrlose Verwertung seiner Beute und schafft so durch sein Vorhandensein einen *ständigen Anreiz* für die Begehung von Diebstählen und anderen Vermögensstraftaten.[216]

Diese Gefährlichkeit geht dagegen nicht von demjenigen aus, der die Überlassung der Beute erzwingt. Die Aussicht, die erhoffte Beute durch Erpressung oder Nötigung zu verlieren, schafft keinen Anreiz zu Vermögensstraftaten; eine Gefährdung allgemeiner Sicherheitsinteressen geht von dem Nötigenden daher gerade nicht aus.

Nach alledem setzt ein Sich-Verschaffen i.S.d. § 259 I StGB voraus, dass *die Überlassung der* Sache dem freien - von nötigendem Zwang nicht beeinflussten - Willen des Vortäters entspricht.

---

210 Vgl. z.B. FISCHER, § 146 Rn. 10.

211 BGH, NJW 1996, 2877 = **juris**byhemmer.

212 Vgl. nur BGH, NJW 1985, 502 = **juris**byhemmer.

213 FISCHER, § 259 Rn. 11.

214 BGH, NJW 1996, 2277, 2278 m.w.N.

215 RGSt 35, 279.

216 So schon BGH, NJW 1958, 390.

2. Eine Strafbarkeit des B gemäß § 259 I StGB scheidet somit aus.

IV. Geldwäsche, § 261 II Nr. 1 StGB

Eine Geldwäsche gemäß § 261 II Nr. 1 StGB kommt vorliegend nicht in Betracht, weil mangels bandenmäßiger bzw. gewerbsmäßiger Begehung der einfache Betrug des G als Vortat nicht ausreicht (vgl. § 261 I S. 2 Nr. 3 StGB).

V. Betrug zu Lasten der Bank, § 263 I StGB

1. Zu prüfen ist schließlich, ob B durch Einzahlen des Geldes bei der Bank einen Betrug zu Lasten der Bank begangen hat.

Das wäre dann der Fall, wenn die Bank an dem eingezahlten Geld kein Eigentum erworben hätte.

Im Fall der Herausgabe einer Sache als Folge einer Drohung ist umstritten, ob ein Abhandenkommen i.S.d. § 935 I BGB vorliegt. Der BGH stellt hier strenge Anforderungen und bejaht dies nur bei unwiderstehlicher Gewalt gleichstehendem seelischen Zwang.

Da es sich vorliegend aber um Geld handelt, greift ohnehin § 935 II BGB, so dass die Bank jedenfalls nach §§ 929 S. 1, 932 BGB Eigentum erwerben konnte.

Somit ist bereits eine (konkludente) Täuschung des B, jedenfalls aber ein Vermögensschaden der Bank zu verneinen.

2. B hat keinen Betrug zu Lasten der Bank begangen.

hemmer-Methode: Die Vorschrift des § 935 BGB spielt bei § 259 I StGB immer dann eine Rolle, wenn es um die Frage geht, ob nicht eventuell eine straflose Ersatzhehlerei vorliegt:

Veräußert der Dieb die gestohlene Sache und schenkt den Erlös, ohne das Geld vorher einzutauschen, seiner bösgläubigen Freundin, so ist diese aus § 259 I StGB strafbar, da die Weiterveräußerung an einen gutgläubigen Dritten wegen § 935 I BGB den Tatbestand des § 263 I StGB erfüllt. Das Geld stammt aus einer gegen fremdes Vermögen gerichteten rechtswidrigen Tat.

Kauft der Täter im umgekehrten Fall mit gestohlenem Geld eine Sache, die er dann seiner bösgläubigen Freundin zuwendet, so scheidet § 259 I StGB für sie aus, denn wegen § 935 II BGB hat sich der Dieb diesmal nicht nach § 263 I StGB strafbar gemacht und bezogen auf den Diebstahl liegt eine von § 259 I StGB nicht erfasste und damit straflose Ersatzhehlerei vor.

Zusammenfassung

1. Tatkomplex: Die Entwendung des Pkws

A. Strafbarkeit von O, T und R

I. §§ 242 I, 243 I, 25 II StGB (+)

Hier Gewerbsmäßigkeit i.S.d. § 243 I S. 2 Nr. 3 StGB

II. §§ 244 I Nr. 2, 25 II StGB (+)

III. §§ 244a I, 25 II StGB (+)

IV. §§ 303 I, 25 II StGB (+)

V. Konkurrenzen

B. Strafbarkeit des G

I. §§ 244a I, 27 I StGB

Keine Mittäterschaft: aufgrund von § 28 II StGB (zweimalige) Tatbestandsverschiebung, daher nur §§ 242 I, 27 I StGB

II. §§ 303 I, 27 I StGB (+)

2. Tatkomplex: Der Geistesblitz des Guido

A. Strafbarkeit des G

I. § 263 I StGB zu Lasten der Autodiebe (+)

Rspr.: wirtschaftlicher Vermögensbegriff, daher auch der sog. „Komplizenbetrug" strafbar

II. § 263 I StGB zu Lasten des N (+), da dieser wg. § 935 BGB kein Eigentum erwirbt

III. § 259 I StGB (-)
Kein Sich-Verschaffen

IV. § 246 I StGB (-)

Wiederholte Zueignung nach Tatbestandslösung nicht möglich (a.A. Konkurrenzlösung)

V. Konkurrenzen

B. Strafbarkeit von O, T und B

Nach § 246 I StGB (-)

3. Tatkomplex: Der Besuch des Benno

Strafbarkeit des B

I. § 253 I StGB (-)

Rechtswidrigkeit der Bereicherungsabsicht (-)

II. § 240 I StGB (+)

III. § 259 I StGB (-)

Kein Sich-Verschaffen bei Nötigung des Vortäters

IV. § 261 II Nr. 1 StGB (-)

Schon keine Katalogtat i.S.v. § 261 I S. 2 StGB ersichtlich

V. § 263 I StGB zu Lasten der Bank (-), jedenfalls kein Vermögensschaden wegen § 935 II BGB

Fall 9

Sachverhalt:

Die mittlerweile 21-jährigen Drillinge Tick, Trick und Track haben alle ihren Weg gefunden, ihren Lebensstandard durch mehr oder minder dubiose Aktionen aufzubessern.

Der Computerfreak Tick ist als Verkäufer bei der Firma CompuSurf angestellt. Er erhält für jeden zustande gekommenen Vertrag von seinem Arbeitgeber eine Provision. Im Auftrag von CompuSurf sucht er seinen Onkel Dagobert zu einem Beratungs- und Verkaufsgespräch auf, da dieser eine neue Computeranlage zur Verwaltung seines stetig wachsenden Vermögens benötigt. Tick stellt eine Anlage inklusive der Software „Moneywatch“ zusammen und gibt vor, seinem Onkel einen Freundschaftspreis zu machen. Dagobert weist Tick darauf hin, dass die Anlage angesichts des Wachstums seines Vermögens unbedingt erweiterbar sein müsse, um dessen Verwaltung auch später noch bewerkstelligen zu können. Tick sichert dies, ohne zu zögern, wahrheitswidrig zu. Dagobert kauft daraufhin die Anlage mitsamt der Software. Die Anlage wird alsbald geliefert, der Kaufpreis überwiesen. Schon nach wenigen Wochen, noch bevor es jedoch zur Auszahlung der von Tick beantragten Provision gekommen ist, stellt Dagobert fest, dass die Anlage der Verwaltung seines Vermögens nicht mehr gewachsen ist und sich auch nicht erweitern lässt. Er ficht den Kaufvertrag an und erhält von CompuSurf anstandslos seinen Kaufpreis zurück. Dabei stellt er auch fest, dass er den Computer zum Listenpreis erworben hatte.

Trick hat vor wenigen Monaten endlich seine Führerscheinprüfung bestanden. Da er nicht einsieht, die hohen Parkgebühren zu bezahlen, häufen sich auf seinem Schreibtisch schon die Strafzettel der kommunalen Parküberwachung wegen Parkens ohne Parkschein. Angesichts dessen beschließt er, den Schwerbehindertenausweis seines Onkels Donald zu fälschen, da dieser sogar zum kostenlosen Parken in der Fußgängerzone berechtigt. Dazu überdeckt er Namen und Geburtsdatum des Donald mit einem Papierschnipsel, auf den er seine eigenen Daten täuschend echt gedruckt hat. Diesen befestigt er mit Tesa auf dem Ausweis, den er sodann kopiert. Die als solche erkennbare Kopie legt er einen Tag lang hinter die Windschutzscheibe. Der Trick funktioniert. Beim zweiten Mal fliegt er jedoch auf.

Drillingsbruder Track hat seinerseits eine Methode entdeckt, wie er auch ohne Geld modisch immer „up to date“ sein kann. Obwohl er absolut pleite ist, sein Taschengeld mit dem 21. Geburtstag gestrichen wurde und auch von Onkel Dagobert keine finanzielle Unterstützung zu erwarten ist, bestellt er dreimal hintereinander beim Versandhaus Qualle Modeartikel des „In-Designers“ Nino Giotto, die dieser exklusiv für Qualle entworfen hat. Track weiß, dass seine persönlichen Daten computermäßig hinsichtlich des Rufnamens, des Familiennamens und der Anschrift erfasst und beim Überschreiten der von der Lieferfirma festgesetzten Bonitätsgrenze Bestellungen nicht mehr ausgeführt werden. Daher benutzt er bei der zweiten Bestellung seinen zweiten Vornamen neben seinem Rufnamen und gibt bei der dritten Bestellung eine falsche Hausnummer an.

Er rechnet damit, dass der Postbote den abweichenden Namen und die abweichende Zustellungsanschrift als unerheblich erachten und ihm die Modeartikel trotzdem zustellen wird. Tatsächlich veranlasst der zuständige Sachbearbeiter erwartungsgemäß auch bei der zweiten und dritten Bestellung die Zusendung der Modeartikel.

Bearbeitervermerk:

Beurteilen Sie die Strafbarkeit von Tick, Trick und Track.

Lösung

A. Strafbarkeit des Tick

I. Betrug zum Nachteil des Dagobert durch den Verkauf, § 263 I StGB

1. Tick hat den Computer als angeblich weit unter dem normalen Preis angeboten und er hat zugesichert, die Anlage könne erweitert werden, während es sich tatsächlich um den Listenpreis handelte und keine Erweiterungsmöglichkeit bestand. Darin liegt jeweils eine Täuschung.

Eine Täuschung kann sich aber nur auf Tatsachen beziehen. Dies sind alle konkreten vergangenen oder gegenwärtigen Geschehnisse oder Zustände der Außenwelt und des menschlichen Innenlebens.[217] Soweit Tick dem Dagobert vorgespiegelt hat, es handle sich um einen „Freundschaftspreis", d.h. der Preis für den Computer liege weit unter dem normalen, handelt es sich um eine Behauptung von Tatsachen. Ebenso stellte die Erklärung über die Erweiterbarkeit der Anlage eine Tatsachenbehauptung dar. In beiden Fällen handelte es sich also um die Vorspiegelung falscher Tatsachen.

Diese Täuschungen haben bei Dagobert auch zu einem entsprechenden Irrtum geführt.

Durch den Irrtum muss der Getäuschte zu einer Vermögensverfügung veranlasst werden. Darunter versteht man jedes Handeln, Dulden oder Unterlassen, das eine Vermögensminderung unmittelbar herbeiführt.[218] Bereits der Abschluss des Kaufvertrages stellt hier eine Vermögensverfügung dar, da hierdurch das Vermögen des Dagobert mit einer Verbindlichkeit belastet wird (Eingehungsbetrug). Die Vermögensverfügung beruhte auf dem Irrtum des Dagobert, die Anlage werde zu einem billigeren Preis verkauft und sei erweiterbar. Im Übrigen reicht Mitursächlichkeit des Irrtums für die Vermögensverfügung aus.[219]

Die Verfügung muss zu einem Vermögensschaden geführt haben.[220]

Ein solcher könnte fraglich sein, da die Computeranlage zum Listenpreis verkauft wurde.

Eine Vermögensschädigung erfordert eine Wertminderung des Vermögens. Die h.M. verfährt dabei nach dem Prinzip der Gesamtsaldierung: es wird die Vermögenslage des Opfers vor und nach der Verfügung ohne Beachtung einzelner Vermögenspositionen miteinander verglichen.

---

217 SCH-SCH/CRAMER, § 263 Rn. 8.

218 SCH-SCH/CRAMER, § 263 Rn. 55.

219 Wessels/Hillenkamp, BT-2, Rn. 520.

220 SCH-SCH/CRAMER, § 263 Rn. 78.

Grundsätzlich liegt dabei nur bei einer Differenz zu Ungunsten des Verfügenden ein Vermögensschaden vor. Eine Gegenleistung findet Berücksichtigung.

Hier hat Dagobert zunächst einen Übereignungsanspruch auf die Computeranlage erworben. Da der Kaufvertrag dann beiderseitig erfüllt wurde, ist hierauf abzustellen.

Der Computer entsprach nach seinem Marktwert dem Kaufpreis. Nach objektiver Betrachtungslage hat Dagobert daher keinen Schaden erlitten.

Ob sich Dagobert geschädigt fühlt, spielt keine Rolle, da seine subjektive Einschätzung nicht maßgeblich ist. Das Vertrauen darauf, im Vergleich zum normalen Preis einen Gewinn zu erzielen, bleibt außer Betracht, da § 263 I StGB seiner Schutzrichtung nach nur die Verhinderung von Vermögensschäden bezweckt, nicht aber Gewinnerwartungen schützt. Es darf auch nicht darauf abgestellt werden, dass Dagobert die Anlage bei Kenntnis des wahren Listenpreises nicht gekauft hätte. Denn wenn man hieraus den Schaden begründen würde, müsste § 263 I StGB die Dispositionsfreiheit schützen. Diese ist als solche jedoch in §§ 240 I, 253 I StGB, nicht aber gegen Täuschung und List geschützt.[221]

Nach der h.M. findet jedoch auch bei wirtschaftlicher Ausgeglichenheit des Geschäfts unter bestimmten Voraussetzungen ein individueller Schadenseinschlag Berücksichtigung. Der Vermögensschaden lässt sich nämlich nicht gänzlich unabhängig von der Bedürfnissituation des Geschädigten bestimmen.[222] Für diese Frage kommt es nach h.M. auf das vernünftige Urteil eines unbeteiligten Dritten an.

Im grundlegenden „Melkmaschinenfall“[223] hat der BGH diesen Gesichtspunkt dahingehend zusammengefasst, dass ein Schaden aufgrund *„individuellen Einschlags“* insbesondere anzunehmen sei, „wenn der Erwerber

⇨ die angebotene Leistung nicht oder nicht in vollem Umfang zu dem vertraglich vorausgesetzten Zweck oder in anderer zumutbarer Weise verwenden kann oder

⇨ durch die eingegangene Verpflichtung zu vermögensschädigenden Maßnahmen genötigt wird oder

⇨ infolge der Verpflichtung nicht mehr über die Mittel verfügen kann, die zur ordnungsgemäßen Erfüllung seiner Verbindlichkeiten oder sonst für eine seinen persönlichen Verhältnissen angemessene Wirtschafts- oder Lebensführung unerlässlich sind.“

Die beiden letzten Punkte sind allerdings umstritten, da es zumindest fraglich ist, inwieweit die Unmittelbarkeit zwischen Vermögensschaden und erstrebter Bereicherung (Stoffgleichheit) zu bejahen ist.

Im vorliegenden Fall kommt es aber hierauf nicht an, da es sich um den typischen Fall handelt, dass der Erwerber die Gegenleistung zu dem vertraglich vorausgesetzten Zweck nicht verwenden kann, denn es wurde ausdrücklich eine Anlage bestellt, die nach dem Zweck des Vertrages die Erweiterungsmöglichkeit bietet.

Tatsächlich fehlte ihr diese Eigenschaft, so dass die Leistung, die Dagobert erhielt, im Hinblick auf seine speziellen Bedürfnisse und Zwecke kein ausreichendes Äquivalent für die von ihm erbrachte Gegenleistung darstellte.

221 Wessels/Hillenkamp, BT-2, Rn. 544.

222 BGHSt 16, 321, 325 = **juris**byhemmer.

223 BGHSt 16, 321 ff. = **juris**byhemmer.

hemmer-Methode: Diese subjektive Schadenseinschlag hat also nichts mit der Täuschung über die Frage „Freundschafts- oder Listenpreis“ zu tun, sondern mit dem täuschungsbedingten Irrtum über die Erweiterbarkeit.

Ein Vermögensschaden liegt vor. Hieran ändert sich auch nichts durch etwaige Ausgleichsansprüche. Nach ganz einhelliger Auffassung sind gesetzliche Ansprüche, die dem Betroffenen gerade aufgrund der Täuschung erwachsen, wie Schadensersatz- oder Bereicherungsansprüche, bei der Bestimmung des Schadens außer Betracht zu lassen.

§ 263 I StGB würde sonst gänzlich leer laufen. Demnach bleibt es bei dem Vermögensschaden des Dagobert selbst dann, wenn der ungünstige, aufgrund der Täuschung zustande gekommene Vertrag zivilrechtlich rückabgewickelt wird.

Dieser beruhte auch unmittelbar auf der Vermögensverfügung, nämlich dem Abschluss des Kaufvertrages bzw. der Zahlung des Kaufpreises.

2. Tick handelte mit dem Vorsatz, bei Dagobert durch Täuschung einen Irrtum zu erregen und ihn so zu einer schädigenden Vermögensverfügung zu veranlassen.

Daneben müsste er mit Bereicherungsabsicht gehandelt haben. Der Vermögensvorteil ist das Gegenstück zum Vermögensschaden des Geschädigten. Daher stellt jede günstigere Gestaltung der Vermögenslage, jede Erhöhung des Vermögenswertes einen Vermögensvorteil dar. Hier kommt sowohl die Alternative „sich einen Vermögensvorteil zu verschaffen“ als auch die Alternative „einem Dritten einen Vermögensvorteil zu verschaffen“ in Betracht.

Erstere im Hinblick auf die von Tick angestrebte Provision, durch die sein eigenes Vermögen vermehrt werden sollte (*eigennütziger Betrug*), und letztere im Hinblick auf den von Dagobert zu zahlenden und gezahlten Kaufpreis, der CompuSurf zufließen sollte (*fremdnütziger Betrug*).

hemmer-Methode: Bei der Prüfung des Betrugstatbestands dürfen Sie sich keine Ungenauigkeiten leisten. Personenidentität ist nur zwischen dem Getäuschten und dem Verfügenden erforderlich. Geschädigter kann dagegen ein Dritter sein. Das ist die Konstellation des Dreiecksbetrugs, die weitere Fragen im Hinblick auf ein spezifisches Näheverhältnis oder eine rechtliche Verfügungsbefugnis aufwirft.
Ebenso muss - wie sich aus dem Wortlaut der Norm bereits eindeutig ergibt - der Täter nicht der Bereicherte sein. Hieraus ergibt sich, dass der Betrug ein fremdnütziger oder ein eigennütziger sein kann. In dieser Konstellation sind sogar vier Personen denkbar: Täter, Getäuschter = Verfügender, Geschädigter und die Person, welche bereichert werden soll.
Nur wenn Sie diese Punkte klar herausarbeiten, schöpfen Sie den Rahmen der Klausur vollständig aus. Eine oberflächliche Prüfung des § 263 I StGB bringt keine Punkte!

Nach allgemeiner Ansicht muss zwischen Vermögensschaden und Vermögensvorteil *„Stoffgleichheit“* bestehen, da der Betrug (anders als z.B. die Untreue) ein Vermögensverschiebungsdelikt ist. Dies fordert zwar keine Identität der Gegenstände, da der Betrug kein Eigentums-, sondern ein Vermögensdelikt ist, aber es ist erforderlich, dass der Vorteil die Kehrseite des Schadens ist.

Der Schaden und der Vorteil müssen durch ein und dieselbe Vermögensverfügung herbeigeführt werden. Dies könnte hier eventuell noch bejaht werden, da dieselbe Vermögensverfügung, der Vertragsschluss mit Dagobert, dessen Schaden und die konkrete Aussicht auf Provision bei Tick entstehen lässt.

Weiterhin ist aber für das Vorliegen der Stoffgleichheit zusätzlich erforderlich, dass der Vorteil ohne Umweg über eine andere Vermögensmasse unmittelbar aus dem Vermögen des Geschädigten dem Bereicherten zuwachsen soll.[224]

Daran fehlt es, wenn der Täter, wie hier Tick, in der Absicht handelt, für die Vermögensschädigung des Opfers eine Belohnung durch einen Dritten zu erhalten. Der von Tick erstrebte Vorteil, die Provision, fließt ihm nicht unmittelbar durch den von ihm vermittelten Vertragsschluss (= Vermögensverfügung) zu. Deshalb ist Stoffgleichheit vorliegend zu verneinen.

Anders ist dies jedoch beim Kaufpreisanspruch von CompuSurf. Dieser stellt die Kehrseite des Vermögensschadens von Dagobert dar. Stoffgleichheit zwischen dem Vorteil, der CompuSurf zufließt, und dem Schaden des Dagobert ist daher zu bejahen.

Fraglich ist jedoch, ob Tick wirklich die Absicht hatte, CompuSurf zu bereichern. Dabei muss allerdings berücksichtigt werden, dass Tick die Provision schließlich nur dadurch erlangt, dass CompuSurf ein aus dem Vermögen des Dagobert stammender Vorteil zufließt.

Eine Betrugsabsicht im Sinne zielgerichteten Handelns ist im Hinblick auf diesen Vorteil auch dann gegeben, wenn dieser nur notwendiges Mittel zur Erlangung der vom Täter erstrebten Provision ist.[225]

[224] Sch-Sch/Cramer, § 263 Rn. 168.

[225] Sch-Sch/Cramer, § 263 Rn. 169.

Somit liegt auch die Absicht der Bereicherung von CompuSurf vor.

Der erstrebte Vorteil muss auch rechtswidrig sein. Die Rechtswidrigkeit der Vermögensverschiebung ist zu bejahen, wenn die vom Täter erstrebte Verschiebung des fremden Vermögenswertes in sein eigenes Vermögen oder in das eines Dritten durch die Rechtsordnung nicht gebilligt wird, er also materiell keinen Anspruch darauf hat. Die hier von Tick durch Täuschung erstrebte Vermehrung des Vermögens der Firma CompuSurf ist ein rechtswidriger Vermögensvorteil.

hemmer-Methode: Leisten Sie sich im Grundsätzlichen keine Fehler. Die Rechtswidrigkeit und Stoffgleichheit sind objektive Tatbestandsmerkmale im subjektiven Tatbestand, bezüglich derer dolus eventualis ausreicht. Hintergrund ist, dass diese Merkmale sich auf die Bereicherungsabsicht beziehen und daher nach h.L. erst im subjektiven Tatbestand geprüft werden können. Nur bezüglich der Bereicherung muss Absicht vorliegen.

Tick handelte somit mit der Absicht rechtswidriger und stoffgleicher Bereicherung.

3. Tick handelte auch rechtswidrig und schuldhaft.

4. Tick hat sich wegen eines fremdnützigen Betrugs zu Lasten des Dagobert strafbar gemacht.

II. Versuchter Betrug zum Nachteil von CompuSurf durch Beantragung der Provision, §§ 263 I, II, 22, 23 I StGB

1. Vollendung ist nicht eingetreten, denn hierfür ist erforderlich, dass ein Vermögensschaden eingetreten ist.[226]

[226] Sch-Sch/Cramer, § 263 Rn. 178.

Die Provision wurde jedoch noch nicht ausgezahlt.

2. Der Versuch ist strafbar gemäß § 263 II StGB.

3. Tick müsste Vorsatz bezüglich aller objektiven Tatbestandsmerkmale des § 263 I StGB und weiterhin die Absicht gehabt haben, sich oder einem anderen einen rechtswidrigen und stoffgleichen Vermögensvorteil zu verschaffen.

Tick wollte CompuSurf durch schlüssiges Verhalten vorspiegeln, es sei mit dem Dagobert ein gültiger, unanfechtbarer Kaufvertrag zustande gekommen.

Hierdurch sollte bei CompuSurf ein Irrtum, nämlich der über die Unanfechtbarkeit des Geschäfts, erregt oder aufrechterhalten werden, so dass Tick Vorsatz bezüglich der Irrtumserregung hatte.

CompuSurf sollte dem Tick die beantragte Provision auszahlen, also eine Vermögensverfügung vornehmen.

Hierdurch sollte das Vermögen von CompuSurf verringert werden. Da der Kaufvertrag mit Dagobert anfechtbar war, stünde diesem Verlust auch keine gleichwertige Gegenleistung gegenüber.

Somit hatte Tick Vorsatz bezüglich aller Tatbestandsmerkmale des § 263 I StGB.

Tick wollte sich die Provision, also einen Vermögensvorteil, verschaffen. Zwischen diesem Vermögensvorteil und dem Schaden von CompuSurf durch Auszahlung der Provision hätte Stoffgleichheit bestanden. Der erstrebte Vermögensvorteil war auch rechtswidrig, da Tick keinen Provisionsanspruch hatte, denn das Geschäft konnte von Dagobert noch angefochten werden, so dass CompuSurf berechtigt gewesen wäre, die Zahlung der Provision zurückzuhalten.[227]

[227] Vgl. SCH-SCH/CRAMER, § 263 Rn. 169.

Damit hatte Tick auch die erforderliche Bereicherungsabsicht.

4. Mit der Vornahme der auf Täuschung abzielenden Handlung (Stellung des Provisionsantrags) hat Tick zur Verwirklichung des Tatbestands nach seiner Vorstellung unmittelbar angesetzt.[228]

5. Die Tat war rechtswidrig und schuldhaft.

6. Tick hat sich wegen eines versuchten Betruges zum Nachteil von CompuSurf gem. §§ 263 I, II, 22, 23 I StGB strafbar gemacht.

III. Konkurrenzen

Beide Betrugshandlungen stehen zueinander aus Klarstellungsgründen in Tatmehrheit, § 53 StGB.

B. Strafbarkeit des Trick

I. Urkundenfälschung, § 267 I StGB

1. Trick könnte beim Überkleben des Schwerbehindertenausweises seines Onkels mit seinen eigenen Daten eine echte Urkunde verfälscht haben, § 267 I 2. Var. StGB.

hemmer-Methode: In solchen Fällen geht die h.M. von einem einheitlichen Vorgang aus und nimmt den Verfälschungstatbestand an, statt das Geschehen isoliert als Herstellen einer unechten Urkunde und gleichzeitiger Urkundenunterdrückung durch Überkleben zu betrachten.

Urkunde im Sinne von § 267 I StGB ist eine verkörperte Gedankenerklärung, die zur Beweiserbringung im Rechtsverkehr geeignet und bestimmt ist und die ihren Aussteller erkennen lässt.[229]

[228] Vgl. SCH-SCH/CRAMER, § 263 Rn. 179.

[229] SCH-SCH/CRAMER, § 263 Rn. 2.

Der Originalausweis erfüllt diese Voraussetzungen. Fraglich ist jedoch seine Urkundenqualität als Kopiervorlage. Der Papierschnipsel mit den Daten des Tick ist mit Tesa auf ihm festgeklebt, so dass man insoweit möglicherweise von einer zusammengesetzten Urkunde ausgehen könnte. Allerdings ist die Manipulation der Kopiervorlage offensichtlich.

Sie ist damit zur Beweiserbringung im Rechtsverkehr gänzlich ungeeignet. Im Übrigen sollte sie auch nicht zur Täuschung im Rechtsverkehr verwandt werden. Trick wollte nur die Kopie verwenden. Damit scheidet die Urkundenqualität des manipulierten Originalausweises aus.

2. Durch den Kopiervorgang könnte Trick jedoch eine Urkundenfälschung i.S.d. § 267 I 1. Var. StGB begangen haben. Nach Auffassung der h.M. handelt es sich bei einfachen und unbeglaubigten Fotokopien nicht um Urkunden, da diese nur Reproduktionen des Originals sind und sich in dessen Wiedergabe erschöpfen.[230] Oft wird dies auch damit begründet, dass Fotokopien den Aussteller nicht erkennen lassen, denn Aussteller i.d.S. sei ja der Kopierende. Lehnt man diesen Ansatz ab, weil als Aussteller auch bei Fotokopien der - dann sehr wohl erkennbare - geistige Urheber der Erklärung anzusehen sei[231], dann fehlt es zumindest an der Beweiseignung und Beweisbestimmung.

Die Gegenmeinung[232] will alle Urkundenmerkmale bejahen, wenn die unbeglaubigte Fotokopie die gleiche Akzeptanz genießt wie eine Urschrift.

Sie dürfte vorliegend jedoch zu keinem anderen Ergebnis kommen, da die Akzeptanz eines kopierten Schwerbehindertenausweises hinter der Windschutzscheibe sehr fraglich ist.

Anders könnte es allenfalls sein, wenn die Kopie den Eindruck eines Originals erwecken sollte. Denn dann ist der Kopiervorgang seinem Wesen nach nicht mehr die Anfertigung eines Duplikats mit entsprechender Bedeutung im Rechtsverkehr, sondern vielmehr der Einsatz eines technischen Hilfsmittels zur möglichst perfekten Anfertigung eines vermeintlichen Originals und damit die Herstellung einer unechten Urkunde. Vorliegend war die Kopie jedoch als solche erkennbar.

3. Fraglich ist, ob durch das Auslegen in der Windschutzscheibe der Tatbestand des § 267 I 3. Var. StGB verwirklicht ist.

Die Tatbestandsvariante des „Gebrauchens" einer unechten Urkunde kann nach der Rechtsprechung vorliegen, wenn der Täter eine unechte Urkunde durch eine Fotokopie dem Rechtsverkehr zugänglich macht. Dadurch wird dem zu Täuschenden nämlich die sinnliche Wahrnehmung der in allen Einzelheiten abgebildeten falschen Urkunde ermöglicht.[233] Allerdings wurde bereits festgestellt, dass der manipulierte Originalausweis schon keine unechte Urkunde darstellt. Daher scheidet auch die Variante des Gebrauchens einer unechten Urkunde aus.[234]

4. Trick ist nicht wegen Urkundenfälschung strafbar.

---

230 FISCHER, § 267 Rn. 19.

231 MITSCH, NStZ 1994, 88, 89.

232 MITSCH, NStZ 1994, 88, 89.

233 BGHSt 5, 291, 292; BayObLG, NJW 1991, 2163; **alle Entscheidungen = juris**byhemmer; vgl. dazu auch SCH-SCH/CRAMER, § 263 Rn. 42.

234 FISCHER, § 267 Rn. 36.

II. Missbrauch von Ausweispapieren, § 281 I StGB

1. § 281 I StGB ist von vornherein nicht einschlägig, da er sich nur auf *echte* Urkunden bezieht.[235] Bezüglich des Originalausweises, der zwar eine echte Urkunde darstellt, liegt ein Gebrauchen im Rechtsverkehr aber gerade nicht vor.

2. Eine Strafbarkeit aus § 281 I StGB scheidet aus.

III. Betrug zum Nachteil der kommunalen Parküberwachung, § 263 I StGB

1. Trick könnte durch Täuschung der Angestellten der kommunalen Parküberwachung, die ihm erwartungsgemäß keinen Strafzettel ausstellten, einen Betrug zum Nachteil der Stadt begangen haben.

Trick täuschte durch die Verwendung des gefälschten Ausweises über eine Tatsache, nämlich seine Berechtigung zum gebührenfreien Parken und erregte dadurch bei den Parküberwachern einen entsprechenden Irrtum.

Eine Vermögensverfügung könnte darin liegen, dass die Parküberwachung es unterlassen hat, dem Trick einen Strafzettel auszustellen.

Vermögensverfügung kann auch ein irrtumsbedingtes Unterlassen sein, das unmittelbar zu einem Vermögensschaden führt.

Unschädlich ist, dass Verfügender und Getäuschter nicht identisch sind. Anerkanntermaßen ist es ausreichend, dass der Getäuschte Rechtlich (Befugnistheorie) bzw. tatsächlich in der Lage ist (Lagertheorie), über das Vermögen des Geschädigten wirksam zu verfügen.[236]

Es liegt dann ein Fall des sog. Dreiecksbetrugs vor.

Bzgl. einer Vermögensverfügung bzw. eines Vermögensschadens könnten aber aus anderen Gründen Bedenken bestehen.

Trick wollte durch die manipulierte Kopie verhindern, dass er von der kommunalen Parküberwachung einen Bußgeldbescheid wegen unberechtigten Parkens erhielt.

Insofern ist aber fraglich, ob die auf diese Weise von der Stadt erzielten Einnahmen überhaupt Gegenstand des für § 263 I StGB relevanten Wirtschaftsverkehrs sind. Geldbußen und Geldstrafen dienen nämlich nicht (auch nicht sekundär) der Einnahmenerzielung, sondern haben ausschließlich Sanktionscharakter.[237]

Für die Stadt sind sie unter diesem Aspekt ohne wirtschaftliche Relevanz, so dass in dem Unterlassen des Ausstellens des Bußgeldbescheids auch keine Vermögensverfügung gesehen werden kann.

hemmer-Methode: Beachten Sie, dass beim Forderungsbetrug - anders als beim Sachbetrug - kein Verfügungsbewusstsein des Getäuschten erforderlich ist. Nur so ist es überhaupt möglich, das Unterlassen der Geltendmachung eines Anspruchs als Vermögensverfügung i.S.d. § 263 I StGB zu qualifizieren.

3. Trick hat sich nicht wegen Betrugs strafbar gemacht.

---

235 SCH-SCH/CRAMER, § 263 Rn. 1.

236 Fischer, § 263 Rn. 81, 82.

237 Vgl. unter diesem Aspekt BGHSt 38, 345 = **juris**byhemmer.

C. Strafbarkeit des Track

I. Betrug, § 263 I StGB

1. Erforderlich ist zunächst eine Täuschung über Tatsachen. Dabei handelt es sich um konkrete vergangene oder gegenwärtige Geschehnisse oder Zustände der Außenwelt oder des menschlichen Innenlebens. Hier hat Track durch seine Bestellungen dreifach seine Zahlungsfähigkeit und Zahlungswilligkeit konkludent behauptet. Dadurch hat er auch einen entsprechenden Irrtum bei dem Qualle-Versand erregt.

Durch den Abschluss des Kaufvertrages und die anschließende Versendung der Waren hat der Qualle-Versand auch eine entsprechende Vermögensverfügung durchgeführt. Fraglich ist jedoch, ob durch diese Vermögensverfügung auch ein Schaden entstanden ist. Immerhin steht dem Qualle-Versand ein Anspruch in Höhe des Verkaufspreises gegen Track zu. Allerdings ist hier bei der gebotenen wirtschaftlichen Betrachtungsweise davon auszugehen, dass der gegen einen Zahlungsunfähigen gerichtete Anspruch nicht als kompensationsfähiges Äquivalent anzusehen ist. Insoweit genügt für die Bejahung eines Vermögensschadens des Qualle-Versands bereits die hinreichend konkrete Vermögensgefährdung.

2. Track handelte auch vorsätzlich und in der Absicht, sich einen rechtswidrigen Vermögensvorteil zu verschaffen.

3. Rechtfertigungs- und Schuldausschließungsgründe sind nicht ersichtlich.

4. Track hat sich wegen dreifachen Betruges (§ 263 I StGB) in Tatmehrheit (durch die drei Bestellungen) strafbar gemacht.

hemmer-Methode: Beachten Sie, dass es an dieser Stelle auf die Manipulation bei dem Namen noch gar nicht ankommt. An der Strafbarkeit des Track aus § 263 I StGB würde sich auch dann nichts ändern, wenn er stets mit dem eigenen Namen bestellt hätte. Die für § 263 I StGB relevante Täuschungshandlung besteht allein in der Vorspiegelung der tatsächlich nicht vorhandenen Zahlungsfähigkeit bzw. Zahlungsbereitschaft.

II. Urkundenfälschung, § 267 I StGB

1. Track könnte dadurch, dass er beim zweiten Bestellschreiben seinen *zweiten Vornamen* und beim dritten Bestellschreiben eine *falsche Adresse* angegeben hat, jeweils eine Urkundenfälschung begangen haben. In Betracht kommt hierbei § 267 I 1. Var. StGB (Herstellen einer unechten Urkunde).

Eine Urkunde ist unecht, wenn sie den Anschein erweckt, ihr Aussteller sei eine andere Person als diejenige, von der sie tatsächlich herrührt. Entscheidend ist hierbei die Täuschung über die Identität des Ausstellers, nicht über seinen Namen.

Daher kann auch eine mit dem richtigen Namen unterschriebene Urkunde unecht sein, wenn damit der gerade angesprochene Anschein erweckt werden soll.[238]

Diese Auslegung ist im Hinblick auf das durch § 267 I StGB geschützte Rechtsgut, die Sicherheit und Zuverlässigkeit des Rechtsverkehrs mit Urkunden, geboten. Dies bedeutet für den vorliegenden Fall:

[238] Vgl. Sch-Sch/Cramer, § 267 Rn. 52.

Durch Hinzufügen anderer Vornamen als des Rufnamens (zweites Schreiben) wurde der Eindruck erweckt, die Bestellung sei durch eine Person erfolgt, die bisher nicht Kunde gewesen ist. Dem steht nicht entgegen, dass der Track berechtigt war, im Rechtsverkehr neben oder anstelle seines Rufnamens weitere Vornamen zu verwenden. Denn bei der Echtheitsprüfung im Rahmen des § 267 I StGB muss auch der Verwendungszweck berücksichtigt werden. Der Gebrauch neuer zusätzlicher Vornamen war aber gerade auf die Täuschung des Rechtsverkehrs angelegt. Die Verlässlichkeit des Beweisverkehrs war daher tangiert, so dass die Urkunde als unecht anzusehen ist.[239]

Fraglich ist, ob auch in dem Fall, in dem der Täter eine falsche Adresse angibt, eine Identitätstäuschung vorliegt. Hierbei ist zu beachten, dass der Name zwar das wichtigste, keineswegs aber das einzige Identifikations- und Unterscheidungsmerkmal ist.

Als weiteres Unterscheidungsmerkmal kommt daher im Versandhandel auch das Geburtsdatum in Betracht.[240]

Bei der Anschrift dagegen handelt es sich üblicherweise nicht um ein zur Identifizierung geeignetes Merkmal einer Person mit selbständiger Bedeutung für die Identitätsbestimmung. Eine insoweit bewusst unrichtige Angabe erschwert zwar den Rechtsverkehr, ist aber grundsätzlich keine Identitätstäuschung i.S.d. § 267 I StGB, da nicht vorgegeben wird, der Aussteller sei eine andere Person als diejenige, die nach dem Wortlaut der Urkunde als solche erscheint.

Für Rechtsgeschäfte, die mittels Datenverarbeitungsanlagen abgewickelt werden, kann dies jedoch nicht uneingeschränkt gelten. Insoweit maßgebliches Kriterium ist, ob aufgrund der vorhandenen Daten diese Person bereits erfasst ist.

Wenn eine andere Anschrift angegeben ist, gilt der Besteller als neuer Kunde. Daher ist in diesem Fall auch die Anschrift als Unterscheidungs- und Identifizierungskriterium anzusehen, so dass in diesem Fall eine Identitätstäuschung und damit eine unechte Urkunde vorliegt.

Durch Abschicken der Bestellkarten liegt auch jeweils ein Gebrauchen i.S.d. § 267 I 3. Var. StGB vor. Ist jedoch die Urkunde von vornherein nur in Hinblick auf einen bestimmten Verwendungszweck hergestellt worden, liegt nur eine Tat i.S.d. § 52 I StGB vor. Da schon die Herstellung einer unechten Urkunde zur Täuschung im Rechtsverkehr erfolgen muss, stellt das Gebrauchen kein selbständiges Unrecht dar. Insofern handelt es sich bei § 267 I StGB um ein quasi zweiaktiges Delikt. Herstellen bzw. Verfälschen und Gebrauchen stellen dann eine tatbestandliche Handlungseinheit dar.

2. Track handelte auch vorsätzlich und in Täuschungsabsicht.

3. Rechtfertigungs- und Schuldausschließungsgründe sind nicht ersichtlich.

4. Track hat sich wegen Urkundenfälschung in zwei Fällen strafbar gemacht.

III. Konkurrenzen

Die beiden Urkundenfälschungen stehen zueinander in Tatmehrheit, § 53 StGB, hierzu jeweils der mitverwirklichte Betrug in Tateinheit. Der bei der ersten Bestellung (ohne Identitätstäuschung) verwirklichte Betrug steht zu diesen Taten wiederum in Tatmehrheit.

---

239 Vgl. BGH, NStZ 1994, 487 = **juris**byhemmer.

240 Vgl. BGH, NStZ 1994, 487 = **juris**byhemmer.

Zusammenfassung

A. Strafbarkeit des Trick

I. § 263 I StGB zu Lasten des D (+)

Vermögensschaden aufgrund subjektiven Schadenseinschlags; fremdnütziger Betrug, da für den eigennützigen Schadenseinschlag die Stoffgleichheit zu verneinen ist

II. §§ 263 I, 22, 23 I StGB zu Lasten von CompuSurf (+)

III. Konkurrenzen

B. Strafbarkeit des Trick

I. § 267 I StGB (-)
Urkundenqualität der Kopie (-)

II. § 281 I StGB (-)

III. § 263 I StGB (-)

Bußgelder nicht von Vermögensschutz des § 263 I StGB umfasst

C. Strafbarkeit des Track

I. § 263 I StGB (+)

Täuschung über die Zahlungswilligkeit

II. § 267 I StGB (+)

Identitätstäuschung auch bei Verwendung des eigenen Namens möglich

IIII. Konkurrenzen

Fall 10

Sachverhalt:

Manfred befindet sich in permanenten Geldschwierigkeiten. Sein kleines Angestelltengehalt reicht weder dazu aus, seinen Bedürfnissen noch denen seiner Frau Elfriede gerecht zu werden.

Umso überraschter ist er, als seinem Konto, das ansonsten immer weit in den roten Zahlen steckt, auf einmal 50.000 € gutgeschrieben sind, so dass sich ein Saldo in Höhe von 30.000 € zu seinen Gunsten ergibt. Manfred ist sich darüber im Klaren, dass es sich hierbei nur um ein Versehen der Bank handeln kann. Gleichwohl beschließt er, den positiven Saldo von 30.000 € sofort abzuheben, da die Bank schließlich selbst schuld sei, wenn sie sich zu ihren Ungunsten vertue.

Manfred begibt sich daher zu der B-Bank und erhält tatsächlich am Kassenschalter 30.000 € ausgezahlt. Als die B-Bank das Versehen bemerkt und den Kontostand richtig stellt, hat Manfred das Geld längst ausgegeben.

Einige Tage später fehlt Manfred erneut das Geld, um - wie er meint - seine wichtigen Bedürfnisse abdecken zu können. Obwohl er weiß, dass er nach den Geschäftsbedingungen der B-Bank nicht mehr zu Abhebungen mit der EC-Karte berechtigt ist, versucht er gleichwohl sein Glück und erhält tatsächlich an einem Automaten der B-Bank 1.000 € (als Dispokredit) ausgezahlt.

Nachdem die B-Bank aber schließlich dem Manfred auf die Schliche kam und die EC-Karte eingefordert hatte, konnte dieser auch auf diese bequeme Geldquelle nicht mehr zählen. Manfred sieht daher keine andere Möglichkeit, als sein Glück nunmehr im Spiel zu versuchen. Da er aber bald spitz bekommt, dass letztlich immer die Bank bzw. der Automat gewinnt, will er dem Glück etwas nachhelfen und verschafft sich auf dem „Schwarzmarkt" Kenntnis von dem Spielprogramm, so dass er den Programmablauf berechnen und durch Betätigen der Risikotaste zum richtigen Zeitpunkt den Gewinn vervielfachen kann. Auf diese Weise spielt er eines Abends einen Automaten der Spielbank am Ort „leer".

Manfred, der dem Spielbankpersonal schon einige Male vorher aufgefallen war, erhält daraufhin von der Spielbank ein Hausverbot.

Da das Spielen mittlerweile für ihn aber zu einer Leidenschaft geworden ist, sucht Manfred die Spielbank vier Wochen später erneut auf und wird auch vom Spielbankpersonal nicht bemerkt.

An einem „einarmigen Banditen" gewinnt er unter ordnungsgemäßer Bedienung an diesem Abend 200 €. Da ihm das als Taschengeld für das Wochenende genügt, verlässt er bester Laune die Spielbank.

Bearbeitervermerk:

Beurteilen Sie die Strafbarkeit von (M)anfred nach dem StGB.

Lösung

1. Tatkomplex: Das Abheben des irrtümlich gutgeschriebenen Geldes

Strafbarkeit des M

I. Unterschlagung, § 246 I StGB

1. Fraglich erscheint im vorliegenden Fall zunächst, ob überhaupt eine fremde, bewegliche Sache vorliegt. Dies könnte ausgeschlossen sein, wenn M durch Übereignung nach § 929 S. 1 BGB Eigentümer des Geldes geworden ist. Es erscheint hierbei lebensfremd, dem entsprechenden Übereignungsangebot des Bankangestellten eine Bedingung i.S.d. § 158 I BGB mit dem Inhalt, dass der von der Bank geführte Kontostand auch inhaltlich richtig ist, beizufügen. Der Bankangestellte macht sich im Rahmen des hochtechnisierten Zahlungsverkehrs regelmäßig keine Gedanken über die Richtigkeit des Kontostandes. Von einer wirksamen Übereignung ist demnach auszugehen.

2. Daher scheitert eine Unterschlagung bereits am geeigneten Tatobjekt.

II. Untreue, § 266 I StGB

1. Eine Bestrafung kommt nur aus dem Treubruchstatbestand (2. Alt.) in Betracht. Für einen Missbrauch (1. Alt.) fehlt es bereits an dem insoweit erforderlichen Drei-Personen-Verhältnis. Fraglich ist jedoch bereits, ob dem M im Verhältnis zu seiner Bank überhaupt eine qualifizierte Vermögensbetreuungspflicht obliegt.

Eine solche Pflicht darf nicht nur eine untergeordnete sein. Vielmehr muss es sich um eine wesentliche Vertragspflicht handeln.

Diese wird aber von der ganz h.M. im Verhältnis Bank/Kunde ausschließlich auf Seiten der Bank bejaht.[241]

2. Damit scheidet konsequenterweise auch die Verwirklichung des Treubruchstatbestands aus.

hemmer-Methode: Die Ablehnung der Untreue ist im vorliegenden Fall unproblematisch. Gerade im Strafrecht, wo häufig eine Vielzahl von Tatbeständen zu prüfen ist, kann und darf der Gutachtenstil nicht konsequent durchgehalten werden. Haken Sie ferner liegende Tatbestände, die Sie der Vollständigkeit halber dennoch erwähnen wollen, deshalb ruhig kurz ab, damit Sie genügend Zeit für die wirklichen Probleme des Falls haben. Bei der Untreue müssen Sie grundsätzlich den Missbrauchs- und den Treubruchstatbestand auseinander halten. Die 1. Alt. setzt ein Drei-Personen-Verhältnis voraus. Der Täter muss als Vertreter durch wirksames Handeln im Außenverhältnis seine Kompetenzen im Innenverhältnis überschreiten. Dagegen kann der Treubruchstatbestand auch durch rein tatsächliches Handeln verwirklicht werden. Die Vermögensbetreuungspflicht gilt nach h.M. für beide Alternativen. Für das Verhältnis der beiden Alternativen folgt daraus, dass der Missbrauchs- gegenüber dem Treubruchstatbestand lex specialis ist.

III. Betrug, § 263 I StGB

M könnte dadurch, dass er die Auszahlung in Kenntnis seines wirklichen Kontostandes entgegennahm, einen Betrug zu Lasten der Bank begangen haben.

241 BGHSt 24, 387 = jurisbyhemmer.

1. Erforderlich ist zunächst im Rahmen des Betrugs eine Täuschung über Tatsachen. Unter diesem Begriff sind alle konkreten vergangenen oder gegenwärtigen Geschehnisse oder Zustände der Außenwelt und des menschlichen Innenlebens zu verstehen.[242] Im vorliegenden Fall kommt eine Täuschung über die Höhe des Kontostandes in Betracht.

Die Möglichkeit einer Täuschung durch konkludentes Handeln ist allgemein anerkannt. Beim schlüssigen Verhalten ist also entscheidend, welcher Erklärungswert dem Gesamtverhalten des Täters nach der Verkehrsanschauung zukommt.

Diese ist nach den objektiven Maßstäben der Verkehrsauffassung in Bezug auf den konkret in Frage stehenden Geschäftstyp zu bestimmen.

Bei Bankgeschäften kann grundsätzlich davon ausgegangen werden, dass es in den Risikobereich des Leistenden fällt, dass die Schuld besteht und die Leistung den Anspruch nicht übersteigt.[243] Daher kann dem Verhalten des M kein entsprechender Erklärungswert beigemessen werden, so dass eine Täuschung durch schlüssiges Handeln abzulehnen ist.

In Betracht käme jedoch eine Täuschung durch Unterlassen. Um das nach dem oben Gesagten grundsätzlich bei der Bank liegende Aufklärungsrisiko aufwiegen zu können, wäre eine Garantenstellung des M erforderlich, die eine entsprechende Aufklärungs- und Offenbarungspflicht nach sich zieht.

Diese Garantenstellung könnte sich im vorliegenden Fall aus dem zwischen den beiden Parteien bestehenden Vertragsbeziehungen ergeben.

Auch hier ist wieder nach der Art der Rechtsbeziehung zu differenzieren. Erforderlich ist nämlich in diesem Zusammenhang innerhalb der Vertragsbeziehungen ein enges Vertrauensverhältnis.

Dieses enge Vertrauensverhältnis kann zumindest bei normalen Geschäftsabläufen innerhalb eines Girokontos nicht angenommen werden.[244]

Fraglich ist weiterhin, ob eine Aufklärungspflicht für M nicht aus dem Grundsatz von Treu und Glauben hergeleitet werden kann. In der Begründung von Aufklärungspflichten ist die Rechtsprechung zunächst relativ weit gegangen.[245] Der BGH ist jedoch inzwischen davon abgerückt und verlangt auch hier als Grundlage ein besonderes Vertrauensverhältnis, wie es eben im vorliegenden Fall gerade nicht vorliegt.[246]

In Betracht käme weiterhin, die Garantenstellung aus der Höhe des der Bank entstandenen Schadens abzuleiten.

Derartige Erwägungen hat z.B. das OLG Hamburg[247] anklingen lassen, das eine Garantenstellung aus Treu und Glauben insbesondere dann annehmen wollte, wenn bei der Nichtaufklärung dem Vertragspartner ein nicht unerheblicher Schaden entstehen würde.

Diese Auffassung ist jedoch mit dem BGH abzulehnen.[248] Vielmehr gelten auch beim Betrug durch Unterlassen nur die allgemein anerkannten Garantenstellungen (Gesetz, enges Vertrauensverhältnis, vertragliche Übernahme, Ingerenz), denn es ist nicht einzusehen, warum der Betrug im Rahmen der unechten Unterlassungsdelikte eine Sonderstellung einnehmen sollte.

242 Vgl. Fischer, § 263 Rn. 6 ff.

243 BGH, NJW 1994, 951 = **juris**byhemmer.

244 BGH, NStZ 1994, 544, 545 = **juris**byhemmer.

245 Vgl. BGHSt 6, 198.

246 S. dazu Fischer, § 263 Rn. 24, 51.

247 NJW 1969, 336.

248 NStZ 1994, 544, 546.

2. Damit scheidet mangels Garantenstellung die Annahme eines Betrugs durch Unterlassen gem. §§ 263 I, 13 I StGB aus.

IV. Ergebnis

M hat sich im ersten Tatkomplex nicht strafbar gemacht.

hemmer-Methode: Beachten Sie, dass nach der Rechtsprechung im Übrigen davon ausgegangen wird, dass eine Gutschriftanzeige auf einem Kontoauszug stets ein abstraktes Schuldanerkenntnis darstellt, so dass bei einer internen Fehlbuchung wie bei einer Fehlüberweisung ein – wenn auch kondizierbarer – Auszahlungsanspruch des Bankkunden besteht. Damit fehlt es in beiden Fällen richtigerweise schon an einer Tatsache, über die getäuscht wird, wenn der Bankkunde einen Auszahlungsanspruch geltend macht.[249]

2. Tatkomplex: Das Abheben bei der B-Bank

Strafbarkeit des M

I. Scheckkartenmissbrauch, § 266b I StGB

1. Indem M bei seiner Hausbank 1.000 € abhob, könnte er sich nach § 266b StGB strafbar gemacht haben.

§ 266b I StGB ist ein echtes Sonderdelikt, d.h. Täter kann hier nur sein, wem von seiner Bank eine Scheck- oder Kreditkarte überlassen worden ist.

Da dem M die EC-Karte von seiner Bank ausgestellt wurde, ist er tauglicher Täter.

Die EC-Karte müsste ferner eine Scheck- oder Kreditkarte im Sinne des § 266b I StGB sein. Der Begriff der Scheck- oder Kreditkarte wird vom Gesetz vorausgesetzt. Die Vorschrift ist nach ihrem Sinn und Zweck aber jedenfalls nur auf solche Karten anwendbar, denen eine für § 266b I StGB tatbestandstypische Garantiefunktion innewohnt. Diese liegt vor, wenn der Inhaber der Karte durch deren Verwendung das ausstellende Institut einem Dritten gegenüber wirksam zur Zahlung verpflichten kann.

Daher ist § 266b I StGB im sog. Zwei-Partner-Verhältnis (Kundenkarten, die von Banken, Kaufhäusern Autovermietern etc. ausgegeben werden) nicht anwendbar.[250] Hier verwendet der Inhaber die Kreditkarte nämlich nur gegenüber dem ausstellenden Institut selbst, so dass nicht davon gesprochen werden kann, dass ein Dritter zu einer Zahlung verpflichtet wird.

Die EC-Karte nimmt eine problematische Zwischenstellung ein: Sie kann sowohl gegenüber der eigenen Bank (dann nur Zwei-Partner-System) als auch gegenüber anderen Instituten (dann Drei-Partner-System) verwendet werden.

Es kommt daher stets auf die konkrete Verwendung der Karte an. Wird wie hier in Verbindung mit der Geheimnummer am hauseigenen Automaten Geld abgehoben, kommt die eigentliche Garantiefunktion der Karte nicht zum Tragen. Diese wird in dieser Situation lediglich als „Automatenschlüssel" eingesetzt. Der Schutz durch § 266b I StGB ist hier auch nicht erforderlich, da das ausstellende Institut die Verwendung der Karte problemlos selbst überwachen kann.

---

249 BGH, Beschluss vom 08.11.2000 – 5 StR 433/00 = **juris**byhemmer.

250 Vgl. BGHSt 38, 283; BayObLG, NJW 1997, 3039; **alle Entscheidungen** = **juris**byhemmer.

2. M hat sich daher nicht nach § 266b I StGB strafbar gemacht.

II. Betrug, § 263 I StGB

Eine Bestrafung des M wegen Betrugs scheitert schon an einer relevanten Täuschungshandlung. Mit der Benutzung des Automaten wollte M nicht auf die Vorstellung eines anderen Menschen einwirken. Täuschen kann man nur Menschen, nicht aber Automaten.

hemmer-Methode: Da dies recht evident ist, hätte genauso gut eine Prüfung des Betrugs unterbleiben können.

III. Computerbetrug, § 263a I 3. Var. StGB

M könnte aber einen Computerbetrug begangen haben.

1. § 263a I StGB setzt voraus, dass der Täter das Ergebnis einer Datenverarbeitung beeinflusst. An einer Beeinflussung könnte es hier fehlen, da M nicht auf einen bereits laufenden Datenverarbeitungsvorgang eingewirkt hat, sondern vielmehr einen solchen erst in Gang gesetzt hat.

Für eine derart einschränkende Auslegung besteht aber kein Anlass. Immerhin kann das Ingangsetzen auch als die stärkste Form der Beeinflussung angesehen werden, zumal das Gesetz gerade nicht davon spricht, dass der Datenverarbeitungs*vorgang*, sondern sein *Ergebnis* beeinflusst werden muss.

Als Tathandlung kommt die „unbefugte Verwendung von Daten" in Betracht. Mit der Geheimnummer hat M jedenfalls Daten i.S.d. § 263a I StGB verwendet.

Was das Merkmal „unbefugt" betrifft, so ist umstritten, wie dies auszulegen ist. Es werden im Wesentlichen drei Meinungen vertreten:

Nach einer Ansicht kennzeichnet der Begriff „unbefugt" eine Datenverwendung, die dem ausdrücklichen oder mutmaßlichen Willen des Berechtigten widerspricht (sog. subjektivierender Ansatz).[251]

Nach anderer Ansicht ist, um eine Parallelität mit § 263 I StGB zu wahren, eine betrugsspezifische Auslegung erforderlich. Der Täter muss eine täuschungsgleiche Handlung begehen, wenn anstelle des Automaten ein Mensch stünde (sog. betrugsspezifischer Ansatz).

Schließlich wird noch eine computerspezifische Auslegung vertreten, wonach die unbefugte Verwendung von Daten verarbeitungsspezifische Vorgänge betreffen muss. Gegen diese Ansicht spricht aber, dass auch das Merkmal der Computermanipulation sehr unbestimmt ist und daher vorhersehbare Ergebnisse nicht gewährleistet.

Der BGH ist in den Fällen des Bankomatenmissbrauchs der betrugsspezifischen Auslegung gefolgt.[252] Dafür spricht, dass § 263a StGB gerade eine Lücke im Rahmen des § 263 StGB schließen sollte. Daher ist dieser Auffassung zu folgen.

Anhand der betrugsspezifischen Auslegung ist im Einzelfall zu bestimmen, welcher Erklärungswert dem Abheben am Bankomat beizumessen ist.

---

[251] Z.B. Hilgendorf JuS 1997, 130, 132.

[252] BGH, NJW 2002, 905 = **juris**byhemmer, ausführliche Besprechung in Life&Law 2002, 386 ff.

Die wohl h.M. misst der Verwendung einer EC-Karte dann einen täuschungsgleichen Erklärungswert zu, wenn die PIN unbefugt benutzt wurde.[253]

Richtigerweise ist daher darauf abzustellen, ob die Daten gerade in Bezug auf ihre Funktion im Programm unbefugt verwendet werden. Die persönliche Geheimzahl hat nur die Funktion, den Inhaber der Karte als solchen zu identifizieren. Der Inhaber „erklärt" mit der Eingabe der Geheimnummer nicht etwa konkludent seine Kreditwürdigkeit.

Da M als Inhaber der Karte mit der Verwendung der Geheimnummer lediglich seine Identität nachweist, liegt kein betrugsspezifisches Verhalten vor.

2. M hat sich auch nicht nach § 263a I StGB strafbar gemacht.

IV. Erschleichen von Leistungen, § 265a I 1. Var. StGB

Eine Bestrafung des M aus § 265a StGB scheidet aus mehreren Gründen aus:

Zum ersten fallen Geldautomaten richtigerweise schon deshalb nicht unter diese Vorschrift, da sie keine Leistung gegen „Entgelt" anbieten.

Zum zweiten setzt ein „Erschleichen" die ordnungswidrige Bedienung der technischen Vorrichtungen voraus. Daran fehlt es, weil M den Automaten mit der Geheimnummer absolut funktionsgerecht bedient hat.

V. Diebstahl der 1.000 €, § 242 I StGB

1. Das Abheben des Geldes trotz überschrittenen Kreditlimits könnte sich aber als Diebstahl darstellen.

Neben dem Tatbestandsmerkmal „fremd" ist hier vor allem auch die Wegnahme problematisch.

Für die Frage, ob ein Gewahrsamsbruch vorliegt, stellt die Rechtsprechung in erster Linie auf das äußere Erscheinungsbild ab. Hiernach liegt ein Gewahrsamsbruch dann nicht vor, wenn der bisherige Gewahrsamsinhaber die Sache übergibt, mag diese Übergabe auch auf einer Täuschung beruhen.

Auf die Geldautomatenfälle übertragen bedeutet dies, dass bei funktionsgerechter Bedienung der Automat entsprechend seinem Programm den Geldbetrag frei- (und damit über-)gibt, und dies sogar unabhängig davon, ob es sich bei dem abhebenden Kunden um den Berechtigten handelt.[254]

Ein Gewahrsamsbruch von Seiten des M liegt daher nicht vor.[255]

Dagegen kann auch nicht eingewendet werden, dass bei Benutzung eines Warenautomaten mittels Falschgeld regelmäßig von Diebstahl ausgegangen wird. In dieser Konstellation wird der Automat - anders als im vorliegenden Fall - nicht nach außen hin ordnungsgemäß bedient.

2. Mangels Gewahrsamsbruchs hat sich M daher nicht nach § 242 I StGB strafbar gemacht.

VI. Unterschlagung der 1.000 €, § 246 I StGB

1. M könnte aber gleichwohl den Tatbestand der Unterschlagung erfüllt haben, wenn die 1.000 € für ihn nach wie vor fremd gewesen wären.

---

[253] Zu den Problemen des Bankomatenmissbrauchs siehe Life&Law 2003, 810 ff. sowie Kudlich, JuS 2003, 537 ff.

[254] BGH, NJW 1988, 979, 980 = **juris**byhemmer.

[255] BGHSt 35, 158 = **juris**byhemmer; für Diebstahl aber SCH-SCH/ESER § 242 Rn. 36 m.w.N.

Daraus, dass der Täter infolge des der Bank zurechenbaren automatisierten Geldausgabeverfahrens den Gewahrsam der Bank an dem Geld nicht bricht, folgt nach dem BGH noch nicht, dass die Bank auch mit der Eigentumsübertragung einverstanden gewesen wäre.

Denn die Gewahrsamsübertragung ist ein tatsächlicher Vorgang, die Übereignung dagegen ein Rechtsgeschäft, das unter einer Bedingung erfolgen kann.[256]

So wird vertreten, dass das Geldinstitut weder Grund noch Anlass habe, das ihr gehörende Geld demjenigen zu übereignen, der nach den allgemeinen Bankenbedingungen schon längst nicht mehr zu Abhebungen berechtigt ist.

Dem lässt sich entgegnen, dass eine solche Auslegung nur schwer mit dem Bestimmtheitsgrundsatz in Einklang zu bringen ist. Vielmehr entspricht es der allgemeinen Verkehrsauffassung, dass das Geldinstitut jedenfalls nur an den grundsätzlich berechtigten Karteninhaber übereignen möchte, ohne dass im Einzelfall geprüft werden kann, ob eine bestimmte Verfügung im Einklang mit den AGBen des Geldinstituts steht.[257]

hemmer-Methode: Für diese Auffassung spricht, dass die Bank einfache Mittel hat, mittels Sperre des Kontos den Abhebevorgang zu unterbinden. Eine strafrechtliche Schutzwürdigkeit ist damit jedenfalls nicht zwingend.

2. M hat sich mangels eines tauglichen Tatobjekts nicht gem. § 246 I StGB strafbar gemacht und bleibt somit im 2. Tatkomplex straflos.

3. Tatkomplex: Der erste Spielbankbesuch

Strafbarkeit des M

I. Diebstahl, § 242 I StGB

Die Mitnahme des von M gewonnenen Geldes könnte sich als Diebstahl darstellen.

1. Voraussetzung dafür wäre, dass es sich bei dem Geld noch um eine für M fremde Sache handelte. Das ist aber gerade fraglich, da man davon ausgehen könnte, dass dem M die Münzen durch Ausschüttung nach § 929 S. 1 BGB übereignet wurden. Hätte M den Automaten in jeder Hinsicht ordnungsgemäß bedient, wäre das unstreitig. Man könnte aber vertreten, die Übereignung der Münzen von Seiten des Automatenaufstellers erfolge unter der konkludenten Bedingung des regelkonformen Spielens.

Eine solche Argumentation läuft jedoch im Ergebnis auf eine Fiktion hinaus. Schon aus Gründen der Rechtssicherheit wird man verlangen müssen, dass Anhaltspunkte für einen fehlenden Übereignungswillen jedenfalls objektiv hinreichend erkennbar sind. Rein subjektiv gebliebene Vorbehalte des Betreibers genügen nicht.[258]

Nach außen hin wird der Automat von M ordnungsgemäß bedient.

Nach alledem ist davon auszugehen, dass dem M die Münzen wirksam übereignet wurden.

2. Mangels Fremdheit der Münzen hat sich M nicht nach § 242 I StGB strafbar gemacht. Aus denselben Gründen scheitert auch eine Strafbarkeit des M wegen Unterschlagung gemäß § 246 I StGB.

---

[256] BGH, NJW 1988, 979, 980 = **juris**byhemmer.

[257] Andere Ansicht vertretbar.

[258] Vgl. Hilgendorf, JuS 97, 130.

hemmer-Methode: Mit guter Argumentation ist hier auch ein anderes Ergebnis vertretbar. Konstruktiv ist die Annahme einer Bedingung immerhin möglich. Überlegen müssen Sie dann weiterhin, ob sowohl die Gewahrsamsübertragung als auch die dingliche Einigung bedingt erfolgen, vgl. hierzu die Ausführungen im zweiten Tatkomplex. Beachten Sie in diesem Kontext auch die grundlegende Entscheidung des OLG Celle, NJW 97, 1518, das selbstverständlich von § 242 I StGB (also auch von einer bedingten Gewahrsamsübertragung) ausgeht, wenn der Täter einen Geldspielautomaten mit falschen Münzen bedient, um echte zu erlangen. Auch wenn der Automat mit einem elektronischen Münzprüfer ausgestattet ist, begeht der Täter nach Ansicht des Gerichts keinen Computerbetrug, sondern einen Diebstahl. Der Unterschied zum vorliegenden Fall besteht allerdings darin, dass aufgrund der Verwendung von Falschgeld der Automat hier nicht nach außen hin ordnungsgemäß bedient wird.

II. Erschleichen von Leistungen, § 265a I StGB

M könnte sich aber eventuell nach § 265a I 1. Var. StGB strafbar gemacht haben.

1. Die h.M. unterscheidet hier zwischen Warenautomaten und Leistungsautomaten, wobei nur letztere von § 265a I StGB erfasst sein sollen.[259]

Ob dieser Differenzierung zu folgen ist und in welche Kategorie der Spielautomat überhaupt einzuordnen wäre[260], kann aber dahinstehen, da die Strafbarkeit des M jedenfalls an anderen Merkmalen scheitert.

Zum ersten wird unter dem Erschleichen einer Leistung nur die ordnungswidrige oder zumindest missbräuchliche Benutzung der technischen Vorrichtungen verstanden. Daran fehlt es, denn M hat den Spielautomaten äußerlich vollkommen ordnungsgemäß bedient.

Zum zweiten ist auch der subjektive Tatbestand nicht gegeben: Dem M ging es nicht darum, das Spielgeld nicht zu entrichten, sondern einen möglichst großen Gewinn zu erzielen.

2. M hat sich damit nicht nach § 265a I 1. Var. StGB strafbar gemacht.[261]

III. Computerbetrug, § 263a I StGB

M könnte sich aber wegen eines Computerbetrugs strafbar gemacht haben.

1. In Betracht kommt zunächst eine Strafbarkeit durch unbefugte Verwendung von Daten gem. § 263a I 3. Var. StGB.

Hierbei ist umstritten, ob eine unbefugte Verwendung von Daten nur bei Eingabe derselben vorliegt. Hieran würde es fehlen, denn M hat keine Daten in den beginnenden oder bereits angelaufenen Verarbeitungsvorgang eingeführt.

Allerdings lässt sich eine Beschränkung auf das Eingeben von Daten dem Wortlaut der Vorschrift nicht entnehmen. Es wird daher auch vertreten, dass eine Datenverwendung nicht nur vorliegt, wenn die Daten selbst Gegenstand einer Tätigkeit sind, sondern auch dann, wenn die fragliche Tätigkeit in Kenntnis und nach Maßgabe der Daten erfolgt.[262]

---

[259] S. dazu FISCHER, § 265a Rn. 11.

[260] Vgl. hierzu die Ausführungen bei OLG Celle, NJW 97, 1518.

[261] Das Ergebnis entspricht der ganz h.M. in der Literatur; vgl. nur HILGENDORF, JuS 97, 130, 131; ARLOTH, Jura 96, 354, 359.

[262] In diesem Sinn HILGENDORF, JuS 97, 130, 131; RANFT, JuS 97, 19, 20; dagegen ARLOTH, Jura 96, 354, 356 f.

Im Ergebnis kann diese Frage jedoch offen bleiben, wenn jedenfalls die als Auffangtatbestand verstandene 4. Var. des § 263a StGB Anwendung findet.

2. M könnte jedenfalls in sonstiger Weise unbefugt auf den Datenablauf eingewirkt haben.

Das Merkmal des Einwirkens lässt sich noch unproblematisch bejahen: Das Drücken der Risikotaste hat zur Folge, dass zu diesem Zeitpunkt das normale Spiel in ein besonders programmiertes Spiel übergeht, bei dem erhöhte Gewinnchancen bestehen.[263]

Fraglich ist aber, ob M *unbefugt* gehandelt hat. Die *Auslegung dieses Merkmals* ist *umstritten*. Es werden im Wesentlichen die subjektivierende, die betrugsspezifische und die computerspezifische Auslegung vertreten.

Der BGH hat sich für den Fall des Leerspielens von Glücksautomaten der subjektivierenden Auslegung angeschlossen. Dies hat er wie folgt begründet: Da geschütztes Rechtsgut des § 263a I StGB wie beim Betrug das Individualvermögen sei, müsse dem Willen des Automatenbetreibers, des Inhabers dieses Rechtsguts, maßgebliche Bedeutung zukommen.[264] Gewinnbringendes Spielen an einem Geldautomaten sei daher nicht unbefugt, wenn es der Aufsteller ausdrücklich oder stillschweigend gestattet habe. Das verneint der BGH aber für den Fall, dass der Täter - wie im vorliegenden Fall - ein rechtswidrig erlangtes Computerprogramm auswertet, um so einen „Schlüssel" zu einem Spielverlauf einzusetzen, den der Hersteller des Spielautomaten aus gutem Grund „verschlüsselt" hat.[265]

[263] BGH, NJW 95, 669, 670 = **juris**byhemmer.

[264] BGH, NJW 95, 669, 670 = **juris**byhemmer.

[265] BGH, NJW 95, 669, 670 = **juris**byhemmer.

In solchen Fällen sei das Spielen an dem Geldautomaten von dem Willen des Betreibers nicht mehr gedeckt. M hat sich daher durch das Leerspielen des Glücksspielautomaten gemäß § 263a I StGB strafbar gemacht.

hemmer-Methode: Beachten Sie, dass der BGH also in den Fällen des Bankomatenmissbrauchs und des Leerspielens von Glücksspielautomaten verschiedene Ansichten bezüglich der Auslegung des Merkmals „unbefugt" heranzieht. Es handelt sich hier um ein sehr spezielles Problem. Mit guter eigener Argumentation kann hier jede Ansicht vertreten werden.
Einigkeit besteht zwischen Literatur und Rechtsprechung dahingehend, dass das Leerspielen eines Glücksspielautomaten eine strafbare Geheimnishehlerei nach § 17 II Nr. 2 UWG darstellt, was aber laut Bearbeitervermerk nicht zu prüfen ist. Auch hier gilt wieder die Devise: Nicht das Ergebnis oder die Kenntnis der einschlägigen BGH-Entscheidung, sondern die Argumente zählen. Wichtig ist, dass Sie ein Problembewusstsein entwickeln, um an den kritischen Stellen einzuhaken.[266]

4. Tatkomplex: Der zweite Spielbankbesuch

Strafbarkeit des M

I. Hausfriedensbruch, § 123 I StGB

M hat sich wegen eines Hausfriedensbruchs nach § 123 I 1. Alt. StGB strafbar gemacht.

[266] Zur Strafbarkeit bei Ausnutzen eines in den sozialen Medien kommunizierten Softwarefehlers eines Glücksspielautomaten vgl. OLG Stuttgart, Urteil vom 12.05.2016 – 4 Ss 73/16 = Life&Law 2017, 187 ff. = **juris**byhemmer.

Dass es sich bei der Spielbank grundsätzlich um der Allgemeinheit zugängliche Räumlichkeiten handelt, ist unerheblich, da der Inhaber des Hausrechts durch das Hausverbot gerade deutlich gemacht hat, dass er mit dem Betreten durch den M nicht einverstanden ist.

Gemäß § 123 II StGB wird die Tat allerdings nur auf Antrag verfolgt.

II. Computerbetrug, § 263a I StGB

Fraglich ist, ob auch in diesem Tatkomplex von Seiten des M ein vollendeter Computerbetrug vorliegt.

1. Eine unbefugte Datenverwendung i.S.d. § 263a I 3. Var. StGB liegt nicht vor, denn M hat bei seinem zweiten Besuch keinerlei Sonderwissen eingesetzt.

Folgt man der subjektivierenden Auslegung des BGH, ließe sich § 263a I 4. Var. StGB dem Wortlaut nach bejahen, denn M hat gegen den Willen des Automatenaufstellers auf den Datenverarbeitungsvorgang eingewirkt.

Die Annahme eines Computerbetrugs in dieser Konstellation begegnet aber durchgreifenden Bedenken, da sich das materielle Unrecht des Vorgehens des M in dem Tatbestand des Hausfriedensbruchs erschöpft.

Stellt man aber grundsätzlich zur Bestimmung des Merkmals „unbefugt" auf den Willen des Automatenaufstellers ab, so wird man wenigstens verlangen müssen, dass sich der entgegenstehende Wille auf das „wie" der Benutzung und nicht lediglich auf das „ob" bezieht.

Aber selbst wenn man den objektiven Tatbestand des Computerbetrugs bejahen würde, müsste man eine Strafbarkeit des M zumindest am subjektiven Tatbestand scheitern lassen: Indem M den Automaten absolut ordnungsgemäß bedient und auch kein Sonderwissen eingesetzt hat, wird man den erstrebten Vermögensvorteil kaum als rechtswidrig bezeichnen können. Auch die Verletzung des Hausverbots führt zu keinem anderen Ergebnis, denn die zivilrechtlichen Regeln, nach denen der Spielgewinn übereignet wird, bleiben hiervon unberührt.[267]

2. M hat sich bei seinem zweiten Spielbankbesuch nicht nach § 263a I StGB strafbar gemacht.

III. Konkurrenzen

Der Computerbetrug im 3. Tatkomplex und der Hausfriedensbruch im 4. Tatkomplex stehen zueinander in Tatmehrheit, § 53 I StGB.

[267] Vgl. auch HILGENDORF, JuS 97, 130, 132 f.

Zusammenfassung

1. Tatkomplex: Das Abheben des Geldes

Strafbarkeit des M

I. § 246 I StGB (-)
Geld keine fremde bewegliche Sache

II. § 266 I StGB (-)
Keine Vermögensbetreuungspflicht

III. § 263 I StGB (-)
Für Täuschung durch Unterlassen fehlt es an der Garantenstellung

2. Tatkomplex: Das Abheben bei der B-Bank

Strafbarkeit des M

I. § 266b I StGB (-)
im Zwei-Partner-Verhältnis nach h.M. nicht anwendbar

II. § 263 I StGB (-)

III. § 263a I 3. Var. StGB (-)

Vorschrift ist beim berechtigten Karteninhaber, der seine Befugnisse im Innenverhältnis überschreitet, nicht anwendbar (a.A. vertretbar)

IV. § 265a I 1. Var. StGB (-)

V. § 242 I StGB (-)
Wegnahme (-), da Gewahrsamsübertragung

VI. § 246 I StGB (-)

Geld ist keine fremde Sache, da Übereignung an grundsätzlich berechtigten Karteninhaber; M bleibt somit straflos

3. Tatkomplex: Der erste Spielbankbesuch

Strafbarkeit des M

I. § 242 I StGB (-)
Geld wurde übereignet

II. § 265a I StGB (-)

III. § 263a I StGB (+)

Nach BGH jedenfalls 4. Var. gegeben; subjektivierende Auslegung des Merkmals „unbefugt" (a.A. vertretbar)

4. Tatkomplex: Der zweite Spielbankbesuch

Strafbarkeit des M

I. § 123 I StGB (+)

II. § 263a I StGB (-)

III. Konkurrenzen

Die Zahlen beziehen sich auf die Nummern der Fälle.

A

B

C

D

E